好的教育是森林的样子

何 炜◎著

安徽师范大学出版社
ANHUI NORMAL UNIVERSITY PRESS
·芜湖·

图书在版编目(CIP)数据

好的教育,是森林的样子 / 何炜著. -- 芜湖:安徽师范大学出版社,2025.1.
-- ISBN 978-7-5676-7061-7

Ⅰ. G622.0

中国国家版本馆CIP数据核字第2024P027K8号

好的教育,是森林的样子

何 炜◎著

责任编辑:舒贵波   责任校对:吴俊瑶
装帧设计:王晴晴 汤彬彬   责任印制:桑国磊
出版发行:安徽师范大学出版社
　　　　　芜湖市北京中路2号安徽师范大学赭山校区
网　　址:https://press.ahnu.edu.cn
发 行 部:0553-3883578 5910327 5910310(传真)
印　　刷:安徽新华印刷股份有限公司
版　　次:2025年1月第1版
印　　次:2025年1月第1次印刷
规　　格:700 mm×1000 mm 1/16
印　　张:13.25
字　　数:191千字
书　　号:978-7-5676-7061-7
定　　价:68.00元

凡发现图书有质量问题,请与我社联系(联系电话:0553-5910315)

前 言

好的教育，是森林的样子。

第一次看到这句话是在第六届中国教育创新年会的文案里，我瞬间眼前一亮，用森林的样子描述教育，实在太妙了！这让我对教育生态的理解豁然立体起来：大森林里，万千生命皆可贵。它们遵循大自然的规律，共生共融：高耸入云的参天大树，低矮簇生的灌木林，花卉斑斓，草本丹琼，飞禽走兽，昆虫、微生物……每一个生命都有自己的特性，是自然生态中不可或缺的一员。

我从事教育工作三十年，从毕业分配至合肥市南门小学（后文简称为"南小"）工作至今。这是一所历经沧桑的百年老校（1897年建校），如今已发展为一校多区的南小教育集团。在这所充满人文内涵和教育关怀的校园里，我和同事们共同见证了学校的繁荣发展和一批又一批南小学子的成长故事，愈发理解教育的真谛。

合肥市南门小学森林城校区（后文简称为"南小森林城"），学校的名称从字面上就给人一种充满生机的教育印象。身处其中，你会更真实地感受到一种自然、阳光、积极、和谐的教育生态。

2015年9月，南小森林城依托本部优质教育资源，在合肥庐阳万科森林地块，毗邻庐州公园，高起点创办。这是庐阳区政府、庐阳区教育体育局为实现"办好一所学校、锻炼一支队伍、辐射一个地区"的优质均衡教育目标，让老百姓能在家门口上到好学校而布点办学。学校自开办后，发展态势良好，不仅带有南小鲜明的烙印，而且在传承名校办学特色基础上，自主创新，勇于突破。学校由一个校区发展至两个校区、一百多个教学班、三百多名教师、近六千名学生，先后荣获"全国青少年校园冰雪运动特色学校""全国青少年校园篮球特色学校""合肥市素质教育示范学校""合肥市文明校园"等荣誉称号。

范国睿的著作《教育生态学》[①]，以及吴鼎福、诸文蔚的著作《教育生态学》[②]，给了我很多启发。他们书中对教育生态学基本思想和基本原理的阐述，加深了我对教育生态的理解。联系南小森林城的办学实践和教育故事，这些思想理论不断地得到印证，"好的教育"应有的样子——森林样态，在我脑海中越来越清晰。

本书是一所新优质学校办学十年的回顾与展望，更是奋斗在一线的南小教育人对教育本质的追寻与探索。书中融合了南小森林城校区发展历程中全体教育人的教育智慧与实践，既有对教育思想、教育本质的多样解读，也有真诚恳切的个性化反思与质疑；表达中力求理论与实践相结合，生动的案例分享易与读者产生共鸣。书中有许多可探究、可借鉴的教育创新实践。例如，如何运用教育生态学思想和原理，创办一所有温度的学校，创建充满人文情怀的校园文化，建设一支优秀的管理团队，开发顺应儿童成长和发展规律的课程体系，培养一批面向未来、永葆热爱、内心笃定的教育人，培养身心健康、全面发展的好孩子，等等。

本书聚焦"森林样态，自主发展"的教育生态模型是如何产生的、如何运用的、如何体现的，并以学生的主动发展为中心主线。每一章节内容中生动鲜活的故事、案例，均来源于真实校园生活的点点滴滴，既阐述了"森林样态"教育理论的自然生发过程，也引发读者对理论的理

---

① 范国睿.教育生态学[M].北京:人民教育出版社,2000.

② 吴鼎福,诸文蔚.教育生态学[M].南京:江苏教育出版社,2000.

解、认同和进一步思考。

党的二十大报告指出："教育是国之大计、党之大计。培养什么人、怎样培养人、为谁培养人是教育的根本问题。"随着教育优质均衡、高质量发展目标的提出，名校办学的理念与规律、成功的育人案例，愈发值得教育同仁们研究，尤其是在当下，我们更需要明确教育的本真价值。

"森林样态，自主发展"的教育生态模型，倡导的是我们当下所存在的任何一个场域，能让每一个沉浸于其中的人都能被尊重、被需要、被认可，对自己对他人来说有价值有意义。因而，本书的阅读对象是多元的。无论教师、家长，还是各行各业的管理者，都能或多或少地从本书中获得启示。

在这里，非常感谢为本书部分章节的撰写等工作做出重要贡献的老师和同学：杨姗姗（参与"课程生态"及"共育生态"章节撰写）、梅洁（参与"管理生态"章节撰写）、潘姗姗（参与"课堂生态"章节撰写）、吴静（组织配图），合肥市颜蕾名班主任工作室以及南小森林城全体师生（部分真实案例引用）。

书中的不足和疏漏之处，恳请读者批评指正。

感谢，感激，感恩！

何 炜

2024 年元月

目　录

第一章　森林教育生态

最初，我是从各种诗词歌赋、经典文献的基本阅读中，不知不觉理解了"生态（ecology）"这个词语。如"丹黄成叶，翠阴如黛。佳人采掇，动容生态""邻鸡野哭如昨日，物色生态能几时""依依旎旎、袅袅娟娟，生态真无比"。如此，浩瀚森林中，所有生物在自然环境下生存和发展的状态，可能就是"生态"的一种具象概念吧。

关于"生态"的研究理论，慢慢延展到教育领域，称之为"教育生态学"，即运用生态学的原理与方法研究教育现象的科学，是研究教育与其周围生态环境之间相互作用的规律和机理的科学，主要是借鉴教育学和生物学的研究方法，研究教育在自然环境、社会环境、规范环境中，三种生态环境和人的生理、心理环境的各种生态因子与教育的相互关系。[①]虽然教育生态学在我国的研究起步较晚，研究成果也不多，但教育生态学的概念早已深入人心。

克雷明认为，生态学的概念是有用的，因为它强调联系，教育生态学的方法就是把各种教育机构与结构置于彼此联系以及与维持它们并受它们影响的更广泛的社会联系中，加以审视。克雷明教育生态学思想的核心在于他把教育视为一个有机的、复杂的、统一的系统，教育生态系统中的各因子（学校和其他教育者）都有机地联系着，这种联系又动态

---
① 劳伦斯·A.克雷明.公共教育[M].宇文利,译.北京:中国人民大学出版社,2016.

地呈现为统一与对立、平衡与失衡的状态。在范国睿的著作《教育生态学》中，我们了解到生态学的基本原理有：胜汰原理，拓适原理，生克原理，反馈原理，乘补原理，瓶颈原理，循环原理，多样性和主导性原理，生态发展原理，机巧原理……贯穿于这些原理之中的基本的生态学思想在于：生态系统和生态平衡。[①]

教育生态学的基本原理有：限制因子定律，耐度定律和最适度原则，"花盆效应"，教育生态位原理，教育生态链法则，教育节律，社会性群聚与阿里氏原则，群体动力和群体之间的相互关系，教育生态系统的整体效应，教育生态的边缘效应，"一潭活水效应"；教育生态的基本规律有：迁移与潜移，富集与降衰，教育生态的平衡与失调，竞争机制与协同进化，教育生态的良性循环。[②]

综上所述，融入教育生态之中的学校办学也应该是有基本原理、规律可循的。

合肥市南门小学森林城校区，基于学校集团本部"让每一个孩子主动全面发展，健康快乐成长"的办学理念，立足于发现每一位儿童发展潜力的教育使命，并结合校名中的"森林"二字，让人自然而然联想到：森林生态系统平衡理论中，"万千生命皆可贵"所体现的"生命多样性"群落样态，与我们想表达并追寻的"以人为本"的教育生态样貌不谋而合。

在大多数人的理解中，森林生态就是一个平衡系统——以木本植物为主体的生物群落，是集中的乔木与其他植物、动物、微生物和光、热、水、气、土壤等相互依存、相互制约，生物与环境、生物与生物之间产生物质循环和能量转换，从而形成一个生态系统的总体。森林生态系统（Forest Ecosystem）概念所呈现的景象，是遵循自然规律的一种生机盎然、令人神往的状态。这里拥有丰富的生物种类，多元的物种层次结构，相对稳定的生物圈，较为复杂的食物链网，以及形成良性循环的

---

① 范国睿.教育生态学[M].北京:人民教育出版社,2000.

② 吴鼎福,诸文蔚.教育生态学[M].南京:江苏教育出版社,2000.

一种生态平衡的样貌环境。在此系统中，每个生命体都有自己独特的价值意义。

那么，教育何尝不是如此。置身于教育场域的万事万物，如同生态系统里的一分子，相互影响、相互制约、相互作用，也遵循着生态学的基本原理和规律，从而产生了校园文化生态、环境生态、管理生态、课程生态、课堂生态、班级生态、家校社共育生态等多元场域。在对应森林生态系统平衡与教育生态学基本原理的过程中，我们联系办学的实践点滴，会发现更多教育的规律，从而更自信、更笃定地为未来而教，为未来而学。

图1-1 大森林的和谐样态

作者:南门小学森林城校区2019级2班李姸 指导教师:胡妍

第一节　遵循限制因子定律，守住"底线"

见微知著

　　桌几的侧角摆着一盆"一帆风顺"，舒展的叶片中开着好几朵白净的花朵。偶然有一天我发现，原本白色灯盏似的花瓣，其中一两盏不知什么时候变成绿色的了。上网查找原因后，得知花瓣变绿有三种可能：一是生理性变绿，表明此花的花期已进入尾声，营养物质供应减少，加上此时植株的叶绿素含量最高，所以会变绿；二是光照不足，如果植株长期光照不足，也会导致植物的叶绿素含量上升，使花瓣变绿；三是缺少养分，尤其是进入生殖关键期，消耗的养分多，土壤里的营养不足，也会使花朵变成绿色。我没法判断这一两盏花朵的花期，就尝试着将它搬到靠窗通风的位置，并补充了一点液体复合肥。很神奇，仅两天后，花瓣看上去没那么绿了，花瓣的色泽开始通透起来，看起来健康多了。

　　教育生态学有一种基本原理，叫做限制因子定律。起决定因素的重要因子，被称为限制因子。不论是研究个体生态，还是群体生态，限制因子都是客观存在的。自然因素、社会因素和精神因素都会成为限制因子。[①]就像"一帆风顺"对于阳光、水、养分的需要，都是有一定比例的，若缺失或满溢，都会对其生长造成影响。再如，人体缺乏某种微量元素，会影响身体的生长发育与健康；学生的阅读量不够，势必限制学生的视野和知识面；过量重复性作业，会限制学生高阶思维的发展；艺体等专业领域教师的缺乏，会限制学生的全面发展；教师梯队断层，会限制教学质量的提高；等等。

---

　　① 吴鼎福,诸文蔚.教育生态学[M].南京:江苏教育出版社,2000.

我们要主动发现、分析并重视限制因子，及时排除它的限制作用和影响，及时地调控，创造更优化的内在关联，使教育生态系统保持健康。

一、没有爱的教育苍白无力

著名教育家陶行知说，"爱是一种伟大的力量，没有爱就没有教育""真教育是心心相印的活动，唯独从心里发出来的，才能打动心灵的深处"。

睿①是一个患有脑瘫的男孩。一年级报名时，他是被妈妈抱着来的，双腿缠着厚厚的纱布，据说是刚做了手术，还不能下地走路。除了新生必须核验的材料之外，父母还递交了病历，上面赫然写着两个字"脑瘫"。详细询问了病情后，我们得知孩子今后即便双腿拆线了，走路时也是一瘸一拐的，而且需要长期做康复训练。面对这样一位新生，我们犹豫了——担心孩子无法适应学校集体生活，担心孩子入学后一系列学业质量考核过不了关。他的爸妈轮换抱着他，满头大汗也顾不上擦，期盼的眼神望着我们，生怕错过我们任何一个表情和话语。睿呢，小小的脸颊白净清瘦，一双清澈纯净的大眼充满了笑意，是很治愈人心的一抹灿烂。

最终，睿还是顺利入学了。毕竟，义务教育办学章程要求我们：必须无条件接纳所有学区内的适龄儿童。孩子的父母激动地说："我们大院里的人都说南门小学是好学校，一定会收我们的孩子！所以我们来试试！谢谢，谢谢！"这话听起来，很让人惭愧。因为，我们最初的小小质疑、丝丝犹豫，都配不上这样的信任和感激。爱所有的孩子，不容易。

入学后，新生培训第一天，睿的班主任就冲到了校长室："这个孩

① 本书案例中姓名皆为化名。

子是脑瘫，这怎么教啊？""怎么教？该怎么教就怎么教啊！"看着班主任老师疑惑的眼睛，校长微笑着说，"越是这样的孩子，越需要我们关注。看上去越是不太可爱的孩子，越需要爱。你别急，只要想着怎么让他感受到老师的爱、同学的爱、班级的爱、学校的爱，就够了。你可以的！"

班主任老师将信将疑地回到教室，看着被父母抱到第一排座位上坐着的、瘦小的睿，紧张地缩在凳子上的样子，再环视教室里其他同龄的孩子生龙活虎的兴奋劲儿，不由得对睿心生怜悯，想到"幼吾幼以及人之幼"，便从心里开始接纳这个特别的孩子。接下来，孩子们在班主任老师的组织下，开始了自我介绍。每当一位同学说完，老师都会总结强调一下："欢迎×××（怎样的）的×××（姓名）同学，加入我们幸福快乐的5班大家庭！"每一个孩子都在热烈的掌声中，收获了同伴的友好和善意。轮到睿时，老师特意将睿抱起，介绍了睿的特殊情况，然后鼓励睿大声介绍自己，最后，除了统一格式的欢迎词之外，老师还多说了一句："请多多关照我们勇敢、坚强、乐观的睿同学，谢谢大家！"教室里立即响起了更加热烈的掌声。

自此，每天上学、放学，都有同学护送睿到教室座位、校门口；每次上体育课，都有同学主动要求陪着睿做拍球、运球等康复训练；每一次他妈妈来接他回家，都有同学陪在睿身边，帮他拎书包；每当碰到雨雪天气，都有同学帮睿撑伞，守护他……到了二年级时，睿的妈妈给睿买了幼儿园小朋友骑的小轮自行车用来代步（睿的双腿无法正常直立行走），总会有同学自告奋勇帮着抬小车、扶小车、放小车到车棚。睿因为手部肌肉力量弱，握笔困难，写字速度很慢，经常跟不上大家的节奏。有一次课堂报听写，他一边写，一边急得哭，班里同学竟然争先恐后地提醒老师："老师，慢一点儿报，等等睿！"睿呢，会快速抹干眼泪，绽放出最天真无邪的笑容，那两排白亮亮的牙齿全都露出来了，开心而感激地望着老师和同学们。

就这样，日子一天天过去。在这个充满爱的集体中，睿和同学们一起快乐地茁壮成长，逐渐羽翼丰满，变得强大。毕业前夕的一场运动会，学校举办了隆重的开幕式及运动员入场仪式。整班队形表演需要一定的速度。为了不让一个人落队，为了让睿和集体一同迈入表演跑道，班主任老师和同学们想到了"推轮椅"的办法。睿坐在轮椅上，阳光自信地被推行在跑道上，像风一样自由畅快，还不时与同学们组合成不同的方阵造型。当班级方阵经过主席台时，评委席、观众席顿时响起一片欢呼声、鼓掌声，此起彼伏，久久不息。

没有爱的教育，苍白无力；有爱的教育，充满了心与心互助的力量。

二、让差异成为一种资源

古人称未开的荷花为菡萏，即花苞。菡萏葳蕤，意思是生长得十分茂盛的荷花。放眼望去，满池的荷花有的舒展绽放，有的含苞待放，有的才徐徐伸展一两片花瓣，加之那一池碧绿喜人的荷叶，摇曳铺展，映衬着一朵朵千姿百态的、粉红或粉白的荷花，令绮丽风姿更添美意。整个荷塘盛图里各式各样的生态主体，各美其美，美美与共，让一方荷塘充满魅力。

孔子"有教无类""因材施教"教育思想，也同样向我们传递了一个通识概念：我们所面对的教育对象由于不同的生活环境、不同的性格特征、兴趣爱好等，早已铸就了本体的与众不同。差异，让每个孩子变得独特而有意义。关注并了解孩子的差异，尊重并利用这些差异，把差异变成一种教育资源，是我们教育者应有的智慧。

"萤光少年"，是南小森林城独有的、赋予"明星"学生的美誉。明星，顾名思义，就是学生群体中的典型性榜样人物，他们在不同的成长方向上获得了夺目的成绩。例如：家务劳动之星，勤俭节约之星，自律自强之星，最强大脑之星，数字魔方之星，爱心公益之星，悦读悦享之星，烹饪爱家之星，健康运动之星……之所以将这些"明星"学生起名为"萤光少年",是因为萤火虫寓意着启明、希望、团结。萤火虫是鞘翅目昆虫家族中常见的发光昆虫,尾巴的末端,可以发出淡绿色的荧光,即便光亮微弱,但懂得自尊、自信、自爱,极力释放体内大自然赋予的力量,为漆黑夜晚赶路的人指明方向,给人希望,实现属于自己的价值;倘若是聚集了一群萤火虫,那一团明辉,便可照亮更宽阔的地方,寓示着团结就是力量,激励着全校学生积极向上、团结奋进、蓬勃发展。

每一位被推出的"萤光少年"都带有鲜明特点,个性张扬,光芒四射。"水墨留白,方圆相容"的谈同学,在同龄人中的书画技艺水平可谓笔精墨妙,挥翰成风;"学海无涯勤可渡,书山万仞志能攀"的王同学,作为学校"灵鹿"电台的广播主持、安徽革命烈士事迹陈列馆的红领巾讲解员,认真自律的好习惯让他克服了困难,解决了烦恼,愈加自信儒雅、意气风发;"心怀梦想,无惧远方"的崔同学,勤奋与坚持是她成长道路上最珍贵的、最有用的法宝;"运动随行,快乐自信"的郑同学,热爱各项体育运动,尤其是篮球和骑行,他拥有不怕挫折、坚持到底的意志力和顽强的拼搏精神,是同学们心目中的强者;"风采卓然,最佳巧思"的邓同学,致力于全面发展,执着于机器人VEX智能编程,并站上世界机器人大赛的舞台;"追光而遇,沐光而行"的方同学,热爱舞蹈,因为一句话"峭壁上的芭蕾,从不停留原地"而爱上了攀岩运动,她用亲身实践,领悟了"台上十分钟,台下十年功"的深刻含义,更收获了向目标不断攀登的快乐;"坚持所爱,向阳而生"的任同学,钢琴学习伴随着她成长的道路,从最初的与琴相约,到冲上全国总决赛,像是漫漫长路里默默前行时,偶尔抬头望见了满天星辰,给予她勇往直前的力量;"坚持梦想,舞出人生"的拉丁舞舞者徐同学,从容自信,内心坚强,学习拉丁让她学会了合理安排时间,学会了思考,明白了各个领域的学习都是相通的,方法正确、坚持到底很重要;"琵琶韵古风,少年传国粹"的王同学,热爱民乐,从原来不懂得"大珠小珠落玉盘"的美妙开始,到《茉莉花》《金蛇狂舞》一曲曲经典琵琶乐的醇畅淋漓的演奏，培养耐心、磨炼意志的同时，感受中国民族音乐的传统文化底蕴和独特风格魅力……

生命的多样性是人类赖以生存和发展的基础。丰富多元的"你我他"构成了这个美丽有趣的世界，共建了各种各样的人世间的关系，在生命的多角度、多层次关联中，我们共同努力，实现自我价值、社会价值和历史使命。"萤光少年"评价方式的推出，是公然认可了人与人之间的差异，它让所有孩子们坚信：正是因为人人不同，"我"都是独特的，"我"可以拥有与众不同的精彩人生。

学校里，差异的存在是显而易见的。除了每个班级、每个年级、每个混龄的社团、俱乐部的生生不同和特色文化不同之外，同一个教研团队中的老师们的教育理念、教学风格、行事习惯、学法设计、思路逻辑、带班方略、个性特点等也不一样。同样的教材，不同的老师来执教，就有不一样的逻辑建构、环节设计和教学机制处理；同样的班级学生和不同教学风格的老师，所呈现的课堂生成也是千差万别的。喜欢在实验楼二层那面"最美教育瞬间"照片墙前驻足，南小森林城的教师群像可亲、可爱、可敬，他们中有的个性特强，眼里揉不进沙子，爱憎分明；有的温婉柔和，细声细语，腼腆低眉，静得似一汪安睡的池水；有的特别玻璃心，爱哭爱笑，永远像个长不大的孩子；有的特别容易"炸毛"，火暴脾气，待人坦诚……在森林样态理念下，这些差异被尊重、被认可、被鼓励、被支持，形成了齐头并进、丰富多元、百花齐放的教科研优势，各具风采的教育名师逐年脱颖而出，师资队伍专业发展的速度更快。如：时刻神采飞扬、善于运用智能化信息技术赋能教学的市教坛新星李心怡老师；低调不爱张扬却集古风古韵、诗意书香于一体的张艺瑛老师；英姿飒爽、果敢干练、雷厉风行的区教坛新星吴本晶老师；默默不语却逻辑缜密、机智善思的冷伟老师；执着淡定、口语流利、有国际范儿的邹亚飞老师；被称为"全能王""雷神"的省教坛新星雷成靖老师和袅袅婷婷的音乐大组长王橄老师；蕙质兰心、自创艺术教具的胡妍、徐慧敏、孟娅三位老师；温柔亲和、不骄不躁、娓娓道来的全国实验说课名师车媛媛老师；心思细腻且善于观察、分析、推理的宫淼玲老师；勇于挑战跨学科项目、善于发现教育最美瞬间的区教坛新星范晔老师；朝气蓬勃、活力四射的北体研究生沈杨大队辅导员；恬美文静如微风、总是浅浅微笑的区教坛新星、大家心中的宝藏女孩陆凤鸣老师；才思敏捷、活泼美丽的荣星星老师……

尊重差异，接受差异，让差异成为一种资源。

正如"千里不同风，百里不同俗"，你我不同，才有生活百味、人间万象。差异让世界更多元，更美好。

反之，生活中处处千人一面，整齐划一，这景象岂不无趣，甚至令人惊悚？

三、无"挫折"的教育不完美

生命无坦途。生活中遇到挫折，是每个人成长过程中逃不开的经历。尤其是随着社会角色的不断附加，挫折也会随之增多。挫折教育是必不可少的人生一课。遇到挫折时，就像是生活给这个阶段的我们出了一道考题，考验我们的心理承受能力、判断分析能力、实际应对能力、解决问题能力等，勇敢面对挫折并想办法战胜它，提升耐挫能力，我们才能真正长大。

然而，大多数家长都舍不得孩子辛苦、受委屈、吃亏。比如，大多数学校门口每日都会上演着亲子相送难舍难分的情景大剧。家长帮孩子背书包、拎东西。等把孩子送到了校门外百米左右的学生专属通道后，家长就隔着道路护栏一路并行着，继续护送。孩子在护栏里面排队走，家长在护栏外面跟着走。一直走到校门口，家长们才又招呼起孩子，将书包等物品递给孩子，目送孩子进入校门，渐渐远离视线，家长们才如释重负般离开。试想，这书包真的有那么重吗？孩子们真的背不动吗？书包里的书本文具是按照课程表上的安排来整理的，还是所有的书本一股脑地都装着呢？是孩子自己整理的，还是家长帮忙整理的呢？

还有一幕场景也是天天上演：孩子因为作业本或书、文具等忘记带，就到学校传达室打电话给家长，让家长帮忙送到学校。有些家长甚至没有接到孩子的电话，在家里突然发现孩子忘带的东西，就赶忙送到学校来，生怕孩子急着用或被批评。学校建议家长不要帮孩子这个忙，这会让孩子形成依赖他人、推诿责任的意识和习惯，后患无穷。可家长还是选择相信"这次不小心是偶然发生，就帮这一次就好"，事实上，这样的事情以后会经常发生。"温室里的花朵"，总是难以生长得更苗壮、更有韧性，可悲的是，一旦失去了原先的过度保护、溺爱的舒适环境，很难经受得住生活的暴风雨。作为家长，既然无法扫清孩子前行道路中所有的荆棘，无法阻止艰难险阻的到来，那么就培养孩子勇敢面对挫折的能力，在挫折中学习总结克服困难、解决问题的智慧，让孩子自己变得强大起来，这样，家长才能真的放心。

当然，面对孩子的求助时，家长首先感同身受地理解、同情孩子的遭遇："哦，知道了，我想你一定特别着急。"然后，语重心长地引导孩子思考："每个人都会遇到这样糟糕的事情，想想怎样解决它，才能让这样的事情不再发生呢？"最后，温柔而坚定地拒绝孩子无理的请求："我们每个人都要学会承担自己应当承担的责任，自己惹的麻烦自己承担后果，自己制造的困难得自己想办法解决，你觉得呢？"

吃一堑，长一智。"堑"，即横在面前的陷坑、沟沟坎坎，栽倒了，爬起来，越过去，这教训才深刻而难忘。纸上得来终觉浅，绝知此事要躬行。无论是学习上的困难挫折，还是人际交往中的情感挫折，孩子只有在亲身体验中接受吃苦教育、生存教育、社会教育、心理教育等，才能学会正确面对困难，自觉激发内在潜能，战胜挫折，从而培养适应未来生活的必备品格和关键能力。经风雨，见彩虹，那样痛快淋漓的生命体验怎能不让人记忆犹新！

第二节　遵循耐度定律，最"适度"调控

见 微 知 著

　　从开始学着养花，就发现养花真是一门可深可浅的学问，要把花儿伺候好了太不容易。稍不注意，那起初的郁郁葱葱、花团锦簇，不知不觉就变成一片枯败惨淡，最后只剩空空的花盆。曾经很喜欢一种植物，枝叶硕大如帆，看着很是潇洒、高雅。若是遇见开花时，更是幸运。其实说是花朵，倒更像是新生锐利的叶角，但颜色又格外艳丽，宛若一只骄傲的鹤，正回望着身后一抹深绿，显得灵动可爱。询问花主后，得到它充满诗意的名字"天堂鸟"，又名"鹤望兰"，花语是自由、潇洒、幸福、吉祥及爱的思念，不由得赞叹：好形象生动的名字啊！

　　十月份前后，买了一株天堂鸟置于办公室一角。即便没开花，那一片片错落向上、挺拔舒展的叶子已经风姿绰绰得令人爱不释手。因为喜欢，所以一进办公室，就拿着花洒对着它喷射一通。每一次经过水雾的滋润，长椭圆形的叶片呈现出更别致的润泽感。就这样相伴了几个月，却见叶柄愈发细长，叶腋抽生出的新叶颜色偏黄偏淡，最初以为是抽枝新绿，就没在意。但没多久，叶柄竟然开始弯曲、断折，似乎支撑不起新叶。很快，整个植株都出现了歪歪倒倒、萎靡不振的样态，有的叶片开始发黑、卷边，让人心疼。请专业人士来诊断后，才知道可能浇水过多造成积水烂根，而且摆放位置光照不足，温度不适，所以出现了这样的症状。那一刻，心中的悔啊，恼啊，遗憾啊，一股脑地涌出来……

　　每一种花草都有自己的习性，有的喜水，有的耐旱，有的喜阳，有

的耐寒，需要我们查资料学习，细心端量分析，读懂它们，遵照习性来养护、照顾它们，才不至于因为"爱的错误"而伤害它们。

谢尔福德于1911年提出耐度定律（the Law of Tolerance），并且在耐力生态学（Toleration Ecology）的研究中建立了"过"与"不及"的概念。[①]他认为，一种生物能够出现，并且能够成功地生存下来，必然要依赖各种复杂的条件同时存在。若改变其中一项因子的性质，或增减其中一项因子的含量，超出此生物的耐力界限，要么"过"，要么"不及"，就可能造成此生物的消失甚至灭绝。教育生态也不例外，同样存在耐度定律。无论教育的个体生态还是教育的群体生态，都存在着耐度定律。

梅耶提出物种分布最适区（Zone of the Optimum）的原理，即教育的个体生态、群体生态和教育的生态系统都有最适度问题。苏联教育家凯洛夫提出量力性和可接受性原则，强调教育生态个体耐度的"低限"；苏联教育家赞可夫提出高难度、高速度的要求，强调了教育生态个体耐度的"高限"。这都涉及生态学的一条基本原则，即教育与教学要贯彻好最适度原则。

遵循教育生态的耐度定律和最适度原则，"量力而行，尽力而为"，方能生生不息。

一、大班额、大校额，超负荷运转弊端多

20世纪90年代末至21世纪初，我们经历过大班额。快毕业时，每班学生人数六七十人。教室里，从讲台到后面的黑板，挤挤挨挨的都是孩子。语文老师就怕轮到改作文的那一天，那么多篇作文一页一页批注、写评语，真是费时费力。那时做教师、做班主任，还没有太多全局概念，考虑不到校级层面的办学压力，只记得要做好一个班的"孩子

---

① 吴鼎福,诸文蔚.教育生态学[M].南京:江苏教育出版社,2000.

王",保障教育教学工作的顺利进行,呵护每一个孩子的健康茁壮成长,不仅需要爱心和强大的责任心,更需要智慧和精力。那些令人记忆犹新的教育案例、经典故事,不胜枚举。

大班额样态下,学生的在校体验感如何呢?据往届毕业生回母校座谈时反馈:不夸张地说,坐在后排跟坐在前排,课堂反应会有"时差"哦!比如老师声情并茂地导语一番,前排很多同学都跟着应和,甚至有感动而哭泣的,可后排的同学因为听不清,还没有进入相应情境。后排的同学听不到老师在前面具体说什么,就靠猜,或者模仿前排的同学,或者自己做自己的,反正他们认为会做作业就行了!最尴尬的是,有时候看到前排的同学突然肃静下来,才知道气氛不对,赶紧收敛起笑容,不敢说话,不时探头探脑张望前面的动静,心里面还在嘀咕:"什么情况?发生什么了吗?"还有学生回忆道:那时候,没有扩音器,有的老师为了让自己的声音不被电风扇等干扰,影响后排同学的注意力,就要求关窗、关电风扇。大夏天的,全班师生闷在教室里,很快就汗流浃背、湿热难忍,不过,所有人的神情倒是特别专注,那场景回想起来,至今仍令人回味。

2020年9月开始,南小森林城校区新生年级限定每班45人,一下子缓解了班级生态压力。教室明显变得空旷了,南侧多了一排置物柜,新增了班级阅读角、植物角、学生储物空间,教室后排也有很大的空间,除了卫生劳动角之外,更多空地便于学生课间活动、游戏、出板报等。班级授课教师的执教体验是,教师对全体学生的关注度变高了,学生发言、参与课堂活动的机会增多了,师生、生生的互动形式更多元、更开放,课堂作业处理比以往更及时,教学效率提升很多。

但随着城镇化进程的加快,流动人口不断向城区涌入,人民群众对优质教育资源的需求与教育供给之间的矛盾日益突出,学校所承受的压力越来越大,办学规模很快进入了急速膨胀阶段,新生人数激增。

每周一升旗仪式,伴随着《运动员进行曲》,陆续且有序进场的各班级队伍,瞬间浩浩荡荡涌向操场。站在升旗台前放眼望去,挺宽阔的两百米跑道及足球场、篮球场上，满满的都是班级方阵。集体仪式教育时，全校师生还勉强站得下，但每天晨操时就得另想办法了。教学楼之间的空地、行知广场、楼宇之间的连廊大平台、椰榆校树旁与学校南大门前之间的空地、校园内最外圈的启智大道等，都必须充分利用上。然而，逢冬季跑操阶段，还得分时段进行各年级的活动。课间十分钟时，学校里热闹非凡，哪哪都是孩子，就连课间值班老师们的站位都不太方便布控。课间穿行在走廊里，得时刻提防被碰撞，师生的安全存在隐患。然而，活泼爱动是小朋友的天性，他们游戏起来可投入了，哪里顾得上关注过往的师生。所以，欢笑声里常出现种种不和谐的声音，太正常不过了。

这种情况不仅仅出现在我们学校，大多数城市学校均出现了新生人数较往年剧增的现象，原有的办学条件都或多或少跟不上现状。

二、史无前例的"转学生班"，纯属无奈之举

说到园林绿化工程，不得不提到"移栽"这项技术。"移栽"这一词，出自唐代诗人杜甫《海棕行》："移栽北辰不可得，时有西域胡僧识。"移栽植物可不是一件容易的事儿。从移栽时节的选择（苗木最佳的移植时间是春秋两季），到移植部位的深度（标准部位是植物的根茎连接部位，即传输营养物质的必经部位，既不能裸露，也不能埋深，否则严重影响植物的成活率），再到移栽完成后的管理（检查已存根系和根部土壤是否紧密结合，须关注移栽后的植株样态，对症整理、修剪、除虫、浇水等），真的处处都是学问。

移栽如此费时费力，是因为被移栽的植株离开了原有的耐度舒适区，失去了最适度环境，需要重新适应由新的土壤、水质、空气、阳光等多种因素构成的新境域，的确有挑战性。作为生命个体的自然人，当然也不例外，比如，转学生。

转学生，是指未毕业而中途转换学校就读的学生，也称转校生。他

们要么因为父母工作调动，要么由于家庭住址搬迁，或是城镇化新市民购房入住等诸多原因，要离开原学校、原班级，甚至离开原城市，来到新城市，转到新学校、新班级就读，继续完成义务教育阶段的学习。不确定的转学生生源，也成为班额、校额控制的难点。那么，转学生能顺利完成"移栽"吗？

每年班级里转入一两个转学生，很正常。以往，大多转学生都能很快融入新班级，乃至适应新学校、新环境，毕竟转学生体量小，对于这极微小的占比，我们的班级完全有能力包容与接纳，加上班级文化的慢慢影响、渗透、感化、带动，班主任稍加关注即可。即便是特殊、特异学生，也很容易让问题聚焦，让差异暴露。所有任课教师和学校管理团队共同出谋划策，让他（她）慢慢适应，调整到新的最适度，不会影响整个班级的风貌。

但当转学生人数超过原有班级学生数的一定比例，超过了最适度范围，甚至达到100%都是转学生，就完全背离了"耐度定律"。那会出现怎样的境况呢？

2020年秋季，学校同样迎来了一大批转学生。然而令人棘手的是，集中在2018级这一届的转学生实在太多了，近乎一个班的班额。麻烦的是，本年级各班原有学生数已经基本达到班级限额，无法全部接收这些转学生。这些转学生的家长们都很坚持，无论如何都要转进来。于是，史无前例的一个"转学生班"诞生了。在这个班级里，每个人都来自不同的学校（关键已不是起始年级），各自带有不同校园文化、班级文化的烙印。这样一群本无关系、虽有特殊共性却缺乏共识的未成年人，凑成了的独特群体。短期内，融入新班级、新校园、新集体，以及适应新环境、新文化所产生的各种各样的不适应便糅合在一起，形成不定时且多发性的矛盾冲突。由于临时新增班级，授课教师也需要临时校聘。好不容易选聘了一位还算干练的班主任老师，表面上看似平稳接班，实际上却暗流涌动。最初，是学生之间的矛盾，慢慢延伸到家长之间的纠纷，渐渐上升到老师和家长之间的误解，整个一学期不是在解决问题，就是在解决问题的路上。

　　终于等到了第二年招生季，随着教师缺编上报、招考、交流等工作推进，学校终于通过交流遴选到经验丰富的李政辉老师来担任这个班的教育教学工作。李老师为了这个特殊班级的班风班貌、集体凝聚力的建设，已经付出了足够的心血，但各种麻烦事儿还是接踵而来，让人又累又气又委屈。带着学校的重托和家长的期待，李老师是咬着牙、含着泪坚守在这个班，一天天、一步步带着全班孩子在共同学习生活中，生发成长的温暖，彼此互助、磨合。

　　渐渐地，这个特殊班级的原有棱角变得柔和起来，每个孩子都显露出足够的善意，眼里闪着光，尤其是在集体荣誉面前，全班团结一心，行动一致，激情似火。

　　一个很平常的一天，校长信箱收到了这个班级的家长们写来的一封信。信中，家长们情真意切地表达了对李老师教育工作和教师品质的高度认可，他们在孩子的身上发现了太多可喜的转变。很多温馨的师爱画面在字里行间一一再现，看得人泪眼婆娑、心潮澎湃：

　　"她用自己的行动去关注、去感化、去引导每一位学生，培养孩子们良好的学习习惯。我们的孩子对于李老师的付出都很感动，回来和我们说：'李老师这么努力，这么用心，我们不能让她失望。''学高为师，身正为范'，李老师用自己的实际行动诠释着教育工作者的初心与担当；'捧着一颗心来，不带半根草去'，她用根植于爱的教育滋养着班上的每一位学生；她的言传身教，让班上每一位孩子都受益匪浅；她的一言一行，让班上每一位家长都心悦诚服。"

　　在信的后半段，家长们还表达了对本班老师的赞扬和感谢，也坦诚地表达了担心和焦虑。如害怕孩子们太调皮，伤害了李老师的心，信的下方落款处，是全班学生及家长密密麻麻的签名。

　　如家长所愿，李老师继续留任，成为了这片麦田的最勇敢的守望者，很了不起，令人心生敬意。之后的日子看似平淡无奇，但对这个班级来说，每一天都不平凡。可喜的是，你真的能听见拔节的声音，能看见向上的欢喜，能感受到生命的奇迹。这个班级的全体授课教师也拧成了一股绳，一齐啃这块硬骨头，在默默贡献教育力量的同时，实现教学相长。

三、"过"与"不及"，基于生命个体独有的最适度

子贡问："师与商也孰贤？"子曰："师也过，商也不及。"曰："然则师愈与？"子曰："过犹不及。"（《论语·先进》）孔子认为，做得过分与做得不够同样不好，都是不合适的。这里面有中庸之道的体现，但也包含着普适的耐度定律和最适度原则。

那怎样才被视为"正正好"？所谓的"过"与"不及"，相对于每一个生命个体来说，应该有各自的最适度范围。就像做菜放盐，少则淡，多则咸，但"少"多少盐为淡，"多"多少盐为咸，这个标准可不是唯一的。撇开饮食健康标准来说，仅从个人口感和喜好的角度就很难定一个确切的标准。因为每个地域、每个人的适度范围不同。比方说，"南甜北咸"，说的就是南方菜肴偏清淡偏甜，北方人菜肴口味偏重偏咸。所以，放多少盐合适，得看品尝菜肴人的口味、饮食习惯。

教育生态的个体、群体和生态系统在自身发展的一定阶段上，对周围的生态环境和各种生态因子，都有自己适应范围的上限和下限。在上、下限幅度之内，教育生态的主体能够很好地发展。这个范围对不同的人以及同一个人生理、心理发展的不同阶段，都是不同的。[1]

例如，课堂学习中，教师和学生谁是主体？教师在课堂上讲多少合适？学生主体实施并参与的活动占比应该多少才符合课改方向？学校曾经开展过"指向学生学习"的课堂观察研究，针对教师的语言和学生活动表现都设计了观察量表，从现象来分析本质。很多老师会纠结教师课堂语言的量，要么不敢讲，该引导的地方缺少了激情引领、情绪铺垫、气氛渲染，要么讲太多，随性而发，感觉不可控。其实，这个量并不是

---
[1] 范国睿.教育生态学[M].北京：人民教育出版社，2000.

一个绝对值，而是相对课堂教学过程中学生主体性表现来说的。而且，不同学科的学习过程和特点不同，也会对教师语言有不同的要求。如果学生能始终保持浓厚的兴趣和积极主动的态度参与课堂的各个环节，同时，拥有充足的、可自己支配的时间用于观察、思考、交流、体验、巩固、训练等多样学习活动，产生自主学习的愉悦感和责任感，与此同时，教师的课堂语言对学生主体性发展有明显的推动、促进作用，就无须纠结其话语量。相对于每一位老师、每一门学科的课堂来说，基于素养导向，培养学生主动学习、学会学习、享受学习的持久学习力，是把握教师课堂言行最适度范围的前提。

若从教育生态的个体生态来说，最适度原则更是显而易见，只是有些时候老师和家长陷入单一的评价体系，而忽略了这一原则，或者说有意回避这一原则。比如，为了应对体育达标测试，或为未来中考体育做准备，有不少家长急功近利，盲目跟风，给孩子报各种各样的体能提升班、体育项目训练班，对于自己孩子的体质特点、体能水平、学习兴趣不了解、不关心。这样的唯分数教育诉求，何谈让孩子通过体育锻炼培养热爱生活、热爱生命、热爱运动的未来健康生活方式，以及顽强拼搏的意志品质、谦逊包容的合作精神呢？于是，我们不难看到：有的孩子由于长期缺乏运动，刚热身几分钟，就满头大汗，却被拔苗助长，强迫跟着群体继续做高负荷的训练；有的孩子因为遗传或生病等原因造成的特异体质，不能过量运动，却也无法摆脱不规范训练带来的身心压力，甚至会有生命危险；有的孩子不擅长某项运动，却因为冷门特长的优势，被家长逼迫着学习、练习……违反教育规律、违反生态发展原则，必将进入死胡同。只有科学观测、充分调研、合理安排，根据学生自身的耐受度、最适度范围，进行适宜的运动训练，循序渐进，才能渐入佳境。

再如，教师在教育教学过程中要因材施教，也隐含着耐度定律，希望教师能有爱心、有耐心地对待每一位学生，发掘适合每位学生的教育方法，不能千篇一律。《论语·先进》中就有很多因材施教的故事。子曰："求也退，故进之；由也兼人，故退之。"意思是，孔子认为弟子冉有胆小怕事，做事缩手缩脚，缺乏主见，所以经常给他加油鼓劲，鼓舞他的勇气；与之相反，子路好勇过人，遇事鲁莽，所以就常常给他泼冷水，告诫他凡事要谦虚谨慎，多听听他人的意见和建议再行动。孔子的因材施教，基于对每个学生的充分了解——《论语·学而》里，孔子就说过："不患人之不己知，患不知人也。"教育生涯中曾遇见太多不一样的孩子，个体生态之间虽有相似之处，整体看来，却都是独一无二，有的是"无须扬鞭自奋蹄"，有的却是"快马还须响鞭催"，有的是"响鼓无须重锤"，有的却是"响鼓才须重敲锤"，看似矛盾的论述，却很有哲学思考，提醒着我们：只有深入学生群体，走近每个孩子的内心，才能找到适合每一个孩子的教育方法。

再有，很多家长对于全面发展也有误解，认为样样精通、全面开花、均匀发力，就是全面发展。实际上，全面发展指的是"德智体美劳"五育并举、五育融合，"智育"只是其中一部分。孩子的时间和精力都是有限的，倘若学习内容安排得过于饱和，会适得其反，得不偿失。家长倒不如适当放手，给孩子们学习生活的时间和空间，让孩子根据自己的兴趣爱好进行自主安排。能有时间主动参与有意思、有意义的同伴游戏和实践活动，或者选择自己喜欢并擅长的领域，花时间进行深度学习探究，这样才会增加孩子未来发展的多样可能，增添成长的弹性，促进个性化发展。

第三节　避免局部生境效应，建立开放型教育生态系统

见微知著

　　学校很多地面，都整整齐齐地平铺着浅褐红、长条块状透水砖。每年的初春或盛夏，步行在行知广场外圈的路面，或者驻足在喷泉附近，常常看到从砖石的缝隙中钻出来一缕绿色，虽左右夹攻，前后受敌，但其昂扬向上的姿态很是让人惊喜。生命的绿色，在砖石粗糙纹理的映衬下，显得格外夺目，令人不禁联想那砖缝中挣扎的生命，是怎样的不屈命运、峥嵘一生。

　　校园里集中种植了一批会开花的酢浆草，都是沿着灌木下方裸露的土壤种下的。绿油油的长圆形的叶片，也是一簇簇鼓着劲儿在根茎上交替互生。在叶片上方，是一朵朵娇滴滴的玫红色小花，或单独绽放如一小喇叭，或数朵簇拥在一起，像一顶顶蓬蓬伞，每天向着晨阳开放，晚上就收拢花瓣，无精打采地倒在叶丛上，像是吹奏了一天辛苦了，要休息。原以为只开一阵儿就会销声匿迹，毕竟花朵太娇嫩。没想到，每到春暖花开、雨后阳光灿烂时，这一丛一丛，一片一片的小花，会自然生长得浓密饱满。大自然的力量总是在这些看似柔弱的生命中，不断刷新我们的认知。

　　与之相反的是办公室内的绿植，躲在温室里，等待主人的照顾，缺乏大自然的洗礼，处于被保护的境遇。若是没人打理，或是遇上了粗心的主人，早早就枯萎了吧。因而，通常从屋内花草的精神面貌就能看出主人家是忙碌还是悠闲，是静还是闹，是热爱生活，还是凑合着混日子、熬日子。

第一章　森林教育生态

生态学中有一种规律称为"花盆效应",也叫"局部生境效应"。花盆,特指一种人工创造出来的适宜的、半天然状态的小环境,在空间上有很大的局限性。花盆里的植物常依赖人无微不至地照料,光照、温度、水分、营养等稍有不适,就会"摆样子"给你看,更别提经受风吹雨打的历练了。

同样,在教育生态中,"花盆效应"也很常见,被有效利用在教育教学场景中,如情境教学,人为创造的封闭、半封闭环境会营造气氛,创设背景,带领学生沉浸式观察、理解、辨析、感悟,效果很好。但其弊端也尤为明显。狭义中的"两耳不闻窗外事,一心只读圣贤书",除了强调读书需要忘我的专注与坚持之外,也暗喻一种陈旧的读书方法论——读书人只需读好圣贤书,从书本到书本,无须关心现实生活、社会乃至国家。与之相对应的是:"风声雨声读书声,声声入耳;家事国事天下事,事事关心。"

避免局部生境效应,建立开放型的教育生态系统,让师生不拘束于学校、课堂内的封闭环境,走出校园,投入大自然的怀抱,融入社会的真实环境里,理论联系实际,这才是面向生活、面向未来的教育。当生态系统打开了,根系、支脉愈发庞杂错综起来,而根系上的主脉,因更多元的联结产生的丰富营养,将更茁壮而有力量,更鲜活而有底气。

一、开放式阅读观,从书屋走向世界

"半亩方塘一鉴开,天光云影共徘徊。问渠那得清如许?为有源头活水来。"朱熹的《观书有感》可谓借景喻理:说这半亩方塘的水如此清澈,是因为它并不是一泓死水,而是有永不枯竭的源头不断送来"活水"。观书若观水,若是安于现状,故步自封,就没有"源头活水"不断充实我们的内心,因而难以开阔眼界,增长见识,提升素养,持续跨越至更崭新的境界。

开放式阅读，是学无止境的终身阅读。

阅读应伴随人的一生，尤其是教师。给学生一碗水，教师需要一桶水。教师的专业成长更离不开阅读。南小森林城"青训计划"，最浓墨重彩的就是读一本好书。平日"功夫"行动与假期"书屋论坛/森林加油站"活动一起，丰富我们教者的文化素养与内涵。

2021—2022学年暑期教师读书活动主旨为"领读者"，活动主题为"森林夏日长，觅阅好时光"，旨在让每一位教师成为阅读推广人，领航学生的快乐阅读。活动分为三个阶段：第一阶段"蝉鸣榔榆，十里相诵"，选择你最有感触的文段配乐进行朗诵；第二阶段"呦呦鹿鸣，寻章摘句"，以书签形式分享自己的阅读文摘；第三阶段"浮瓜避暑，不亦阅乎"，阅读一本书，用文字记录阅读后的所思所感，同伙伴共享。书声起，万妙生。在夏日一卷诗书里，老师们认识了"造化钟神秀，阴阳割昏晓"的岱宗，领略了"人生自古谁无死，留取丹心照汗青"的爱国情，感叹了"固知一死生为虚诞，齐彭殇为妄作"的卓识，仰慕了"归去，也无风雨也无晴"的豁达……一篇篇朗诵作品久久萦绕，天地万物收眼底，人生百味入心房。

师者，领读者。教师读书活动对学生也发出了邀请："亲爱的同学们，听完老师们声情并茂的诵读，你是否听出了自己老师的声音？快来留言说一说你听出的声音吧！你是否也想和老师一样诵读自己喜欢的文字？尝试录一录，期待你们的精彩演绎！"读书之味，愈久愈深。

开放式阅读，是让心灵释放的自由阅读。传统的"眼离书本一尺，胸离桌面一寸"的正襟危坐，是大众认可的一种阅读姿势。但当阅读需求及阅读习惯无时无刻不存在于生活中时，我们不难发现，更愉悦的读书体验可能并不在乎什么规范的姿势！学校图书馆建设时，我们常常思考：什么样的桌椅、书架、墙壁、灯光等环境布置，能让人情不自禁地走进去、坐下来，能带来舒适的体验，让学生和教师能身心放松地阅读呢？于是，每一个阅读空间的设计都围绕着主题："包容""自由"，以亲切、开放的姿态拥抱每一个走进来的读书人。读者走进书的世界，与智者、乐者、善者对话，放飞心灵，释放情绪和压力，快乐徜徉在书的海洋。

图书馆课程纳入了班级周课表，图书馆阅读课成为孩子期盼并热衷的焦点课。当孩子们走进"文澜阁"，挑选自己喜欢的书籍，找一个自己喜欢的位置、场地进行个人阅读、伙伴共读时，他们读书的姿势除了端坐在书桌前的，其余样态可谓千奇百怪，让人忍俊不禁：有的双肘撑着大脑袋，两眼紧盯着桌面上的书；有的托着下巴，半天不翻一页，似乎陷入了遐想；有的半倚靠在书柜边，好似精挑细选着，随时准备换书；有的趴卧在软沙包里，蜷缩着身子，只露出双手举着书，两只脚向后向上杵着；有的半跪在旋转椅凳上，读着读着就开心地转一圈；有的干脆或趴或躺在地垫上，任由肢体随意伸展……但这些几乎定格的画面，其共性就是"专注"，那神情犹如世界已静止，那目光似乎正穿透书籍，进入书里的时空。图书馆的志愿服务家长和老师以及学生，都不忍上前纠正这些不太"规范"的读书姿势，生怕打破这个静心生慧的美好时空。

2019年5月，图书馆正式命名为"文澜阁"，语出明代何景明《六子诗·边太常贡》的"芳词洒清风，藻思兴文澜"。说起这图书馆的命名，当初是煞费脑筋，查阅了很多古籍，最终聚焦了"文澜"一词，该词字面意思是指文章的波澜，引申义为形容文学作品富有文采，有激昂、壮阔之意象。于是联想到：文之波澜，心之波澜；文从心生，心中起波澜，下笔如有神。这是对南小森林城所有阅读者一种饱含深情的期望：期待从书屋中，能走出一批批文采卓然、气质高雅的仁义礼智信者。

记得合肥市举办全民阅读活动期间，"合肥少年志"青少年阅读品牌暨2023年校园阅读季首场赠阅活动在南小森林城举办。"文澜阁"图书馆因此获赠一批精美的、扫码可实现领读功能的书籍，立即在校园里开展了整体借阅、跨年级漂流等丰富多样的校园阅读季活动。活动持续近两个月，主题为"读红色经典，颂时代华章"，有阅读名师专家线上分享，畅谈利用整本书阅读提升学生阅读素养、实现亲子阅读家庭教育的有效路径，还有安徽省朗诵艺术学会名师进校园，带领同学们一起阅读红色故事、感悟经典力量、品味朗诵韵味。阅读模式呈现出开放舒展的姿态，让孩子们更有激情地投入阅读。

开放式阅读，是面向学生整个生活和世界的真实阅读。

读万卷书，行万里路。世界是一本书，而不旅行的人只读了其中的一页。世界之大，即便尽其一生，也不过窥之一隅。因而，狭义的阅读，是读有字之书；广义的阅读，如行走在祖国乃至世界的大地上，如漫步在智慧云平台的云空间，读"无字之书"。读书与旅行这两种看起来比较简单的行为方式，能让我们在有限的时间空间范围内，了解更多未知世界。

南小森林城学子朝朝暮暮期盼的研学旅行、实地考察、调查寻访、拓展实践、志愿服务等活动，都在传递一种信号：很多时候，"行万里路"胜过"读万卷书"。孩子们除了读好课本，更应该走出课堂，走进生活，走向社会，拥抱世界。在认识自然、了解社会的过程中，懂得个人在社会大系统中以及人类在生物圈中应有的地位和责任，能甄别课堂上习得的理论放到社会实践中能否站得住、能透过现象观察本质等。

图1-2　文澜阁里的快乐阅读

作者：南门小学森林城校区2019级1班杨静渝　指导教师：胡妍

二、开放式成长破围，勇敢走出舒适区

舒适区，最早是一种地理概念，形容一年四季气候宜人的地区。后来渐渐延伸至心理学范畴，是指人在某个领域、某个区域、某段时间范围内，处于熟悉的环境即熟悉的人、事、物关系中，感觉一切尽在掌控中，收放自如，内心始终保持平静、安逸愉悦的状态。每个人都会有这样独属于自己的舒适区。舒适区带来的积极一面是：平和，不急不躁，坦然面对现实，淡定看待困难，相信问题会慢慢迎刃而解，即便无法解决，也能说服自己，不会影响自己的情绪。

但在舒适区待久了，消极的一面也会慢慢凸显。长期待在这个安逸的环境里，人的思想容易被麻痹，会从一开始的放慢脚步，放松节奏，到最后甚至停下来，拒绝一切新生事物，不再主动成长，逃避现实，封闭自我，丧失斗志，得过且过。这样的舒适区会不知不觉让人的心理愈发趋向灰色，由内而外，最终外显于行。正如"温水煮青蛙"，由于对渐变的适应性和习惯性，终会失去戒备而招来灾难。

作为教师，一般工作十年左右，或者认真带一个六年循环，就基本熟悉各学段教材重难点及常态化教学环节流程，也大体了解学情特征及发展规律。原先因初出茅庐而紧张绷着的弦儿，会随着教龄的增长慢慢松劲儿，经验增长的同时，无形中也稍稍多了点儿懈怠。尤其是评过职称后，大多数教师都会松口气儿，认为已奋斗了青春，都磨成了"老"教师了，可以暂时"躺平"了，甚至放言"把机会让给更年轻的老师吧"。于是，在自己能把控的舒适区里，一本教材一本教案教到底。殊不知，舒适区待久了，就像待在一个有局限性的"花盆"里，眼光越来越落后，眼界越来越狭隘，路越走越窄，心胸自然也不那么宽广了，个人教育教学之路不知不觉走入了瓶颈。更严重的，其连人际交往也会受到影响。老教师看不上年轻教师的激进、冒进，年轻教师看不上老教师的保守、落伍，不能以欣赏的眼光关注伙伴、以发展的姿态助力同仁，

谁都不服谁。对于一个团队来说，更可怕的是陷入集体"躺平"的舒适区，整体性选择行动缄默。这样学校生态将变质，失去生机与活力，问题与祸患也将接踵而来。

其实，人的一辈子都在学习，无论何时何地都需要学习。一个人持久开放的学习力，是成长所需源源不断的动能。不学习，真的会碰壁，会经常跑冤枉路，会在新形势下新问题中束手无策。社会生活是个大课堂，学习的领域也越来越宽泛，包罗万象的内容需要我们去尝试。

南小森林城"青蓝工程"师徒结对项目，是从本部沿袭而来，一直持续。但因为我们的年轻教师体量太大（2017年全体教师平均年龄28岁，2023年后逐步上升为31岁左右），有经验的骨干教师队伍远不能满足年轻新教师的成长需求。师傅不够分，且师傅也渐渐进入专业瓶颈期，或多或少地出现职业倦怠。如何让老师们在专业发展之路上永葆激情与责任，能不断促发新的生长点？于是，我们借力省特级教师工作站、市名师工作室、市名班主任工作坊等教师成长平台，打造一批批成熟型业务领衔，并在此基础上，成立了南小森林城学科名师工作室，开展"领头雁—核心团—随行队"雁阵培养模式提升教师专业发展。跑在最前面的骨干名师，被徒弟们追着赶着，必须朝前奔，他们看到了更高更远更美的风景，自然迸发新的生长点，不断学习，丰富自己；处于中间力量的璀璨新星，紧跟师傅步伐，快速拔节向上，成为出类拔萃的年轻师傅，成为传承的枢纽；后面的随行者被催促着、鞭策着，也不会落队太远。每个人尝试走出消极的舒适区，挑战新的领域，赢得新的成长点，向新的目标前行。时代瞬息万变，勇敢走出舒适区，克服花盆效应，才能保持生命的葱翠。因此，年轻的南小森林城，奋斗不止，青春洋溢。

三、开放式办学，让学校成为社会系统里的一员

一所学校的办学需要开放思想，开放系统，即向全学科教师、学

第一章　森林教育生态

027

校、家庭、自然、社会生态系统开放。

南小森林城校区的办学系统里一直倡导"开放"精神，将"请进来"和"走出去"结合起来，通过多种项目和活动打通育人系统融合。如：专家名家学术讲座、省市片区听评课教研、校外法治副校长/辅导员聘任，家长开放日、家长进课堂、大学生志愿课后服务，还有政府机关、公安、医疗、养老等单位部门的辖区共建等项目，以及学生研学实践、调研采访、教师外出培训进修、驻点委培等活动。

教育部等十三部门联合印发了《关于健全学校家庭社会协同育人机制的意见》，《中华人民共和国家庭教育促进法》规定建立健全家庭学校社会协同育人机制等，都在帮助学校成为社会系统里的一员。南小森林城的"家长开放日"活动也是围绕着"家校携手共育，与森林共呼吸"的主题。开放日这一天，家长进校随班听课，感受教师课堂教学风采，观察孩子课堂学习状态，评估班风学风、校风教风等；参加班级家长会，听专家讲座、校长讲话、班主任及授课教师对班级学情分析指导和班级文化特色汇报。这样家长既能学习到先进的教育理念与方法，又能近距离地与班级执教教师交流沟通。家校密切联结，互相配合，共建良好的教育场域，为孩子的健康发展奠基。

第四节　借鉴生物钟，摸索教育生态节律

见微知著

人的本质是什么？有人说，人其实是大自然的一种映射：人体的365个穴位，恰好对应一年365天；人体有12条经络，又恰好对应一年12个月；人体脊椎有24节，对应一年24个节气，人与大自然完全吻合。

人身上每一点都在宇宙之中有着其对应点。

三年级语文有一篇课文《花钟》。文章里说到鲜花朵朵，有各自开放的时间。比如，"凌晨四点，牵牛花吹起了紫色的小喇叭；五点左右，艳丽的蔷薇绽开了笑脸；七点，睡莲从梦中醒来；中午十二点左右，午时花开花了；下午三点，万寿菊欣然怒放；傍晚六点，烟草花在暮色中苏醒；月光花在七点左右舒展开自己的花瓣；夜来香在晚上八点开花；昙花却在九点左右含笑一现……"因此，有位植物学家做了一件很有趣儿的事儿：根据花开的时间，修建了一座像钟面的花圃。二十四小时内，花圃中的鲜花依次开放，像时钟一样，提醒人们当下大致的时间，就是文章所说的"花钟"。花儿的语言虽然听不见，却让人能通过其姿态感受其内在独特的节律。

人类也一样，也有生命活动的内在节律，即生物钟——生物体内的一种无形的"时钟"，能够在生命体内控制时间、空间发生发展的质和量。若能充分利用生物钟，合理安排作息时间，能达到事半功倍的效果。

一、把握记忆高峰期，背得又快又牢

很多学生思维敏捷，聪明机灵，但就是怕背书，尤其不喜欢死记硬背、重复记忆。

实际上，记忆也是有窍门的，把握记忆高峰期是遵循生物节律原理的一种科学方法。如：清晨起床后的6点至7点，此时的大脑经过一夜休息，清醒无杂念，识记时印象清晰，记忆效率高；上午8点至10点，此时体内肾上腺素分泌旺盛，精力充沛，大脑具有严谨而周密的思考能力；下午6点至8点，利用这段时间来练习、巩固、复习全天学习过的东西，会加深记忆，便于归纳整理，这个时间段也是完成作业的好时机；睡前1小时，利用这段时间好好回顾一天所学，脑海中留下的基本都是重点、难点等关键内容，记忆深刻，不易遗忘，尤其是第二天醒来，回想起前晚上临睡前看过的内容，就像过电影儿似的，一幕一幕，一段一段，历历在目，想记不住都难。

在这四个记忆高峰期中，需要学生在家自己把控的：一清晨、一上午、一傍晚、一夜晚。若学生能在家长的帮助下，认真训练，坚持运用，养成好习惯，记忆能力会大大提高。反之，错过了记忆高峰期，背记东西多是事倍功半。良好的生活作息习惯是保障记忆高峰准时到来的底线，否则：爱睡懒觉的孩子会错过第一个记忆高峰期；熬夜贪玩、作息时间严重紊乱的孩子会接着错过第二个记忆高峰期；放学回家第一时间不写作业先痛快玩的孩子，会错过第三个记忆高峰期；晚上玩着玩着睡着了的孩子，会错过第四个记忆高峰期，以及第二日的第一、二个记忆高峰期。周而复始，恶性循环。因此，家长要帮助孩子共同制订合理的生活作息时间表，并以家庭为单位对照执行，每一位家庭成员都要养成早睡早起、按时作息的好习惯。

当然，学校作息时间表也要遵照学生学习的生物节律来制订，而且连每日课表的学科节次顺序设置，也得同样遵循这一节律。南小森林城校区和大多数学校一样，学生一进校，先晨读或午练，上午的第一、二节课尽量安排需要识记并理解的课程，而之后的课尽量安排艺体类、劳动、综合实践类课程。在此基础上，南小森林城还专门设置了每周五下午的无书包课——少年宫社团课程，学生打破原有班级建制，根据个人兴趣爱好，重新组班。学习内容基本上为音乐、美术、科技信息、跨学科项目、拓展体验实操活动等。从校园的声音，你就可以感受到生命活动有规律的节奏：清晨，升国旗奏国歌时，全体师生在校园里各个角落驻足敬礼，空气里弥漫着庄严肃穆的气息；接着，孩子们的诵读声从教室里回荡而出，开启了一天的学习生活；前两节课的清新安静，到十点后满操场的渐渐沸腾，再到放学时，浩浩荡荡路队出校园、午餐班集合号令响起的全校沸沸扬扬的欢腾场景，然后就进入了午休时的或平静无声或窃窃私语……有序曲，有前奏，有高潮，有曲终人散，起起伏伏的生命节律，曲线绵延，向前，向上。

二、跟着节气去劳动，探究自然与生活神奇密码

人的生理节律和自然界的周期变化吻合，说明了人与自然的神奇密码迥异但也相近。课堂内外的教学活动也是有一定规律的，如前置性预习、课上学习、课后巩固复习等。

"跟着节气去劳动"是南小森林城德育部门、少先队大队部共同推出的德育活动，并以此申报了课题《基于家校社协同的培育小学生劳动价值观的实践研究》。中华民族五千多年的悠久历史孕育了底蕴深厚的民族文化，"二十四节气"就是劳动人民经验的积累、智慧的结晶。为了汲取传统"节气"中蕴含的文化精髓，延展劳动内容范畴，有效培育小学生劳动价值观，课题组结合已有的校园"二十四节气图鉴"——校园里不同节气下的植物、动物、风景特写，使之与劳动教育相融合，探索实施"节气文化下的劳动教育"课程，以"二十四节气"等丰富的传统文化为教学素材，采用学科融合的形式，家校社共育的渠道，进行主题式教学。这不仅能传播"节气"知识，将中华优秀传统文化深深扎根于学生的记忆和情感最深处，还能持久激发他们的劳动积极性，让学生在学习传统文化中重新审视劳动的崇高价值。

课题研究遵循了大自然节气规律，首先组织学生借助歌诀背诵二十四节气，熟记节气的名称和顺序，然后根据二十四节气查找并熟悉劳动教育活动，以节气为时间线，共同梳理农业劳动的不同时间和过程。根据二十四节气的特点与变化，组织学生开展选种、播种、浇水、施肥、收割等活动，让学生在参与劳动生产的过程中，对劳动技术、过程以及二十四节气的变化有深刻的理解。

例如："谷雨前后学种菜"——学生们来到劳动基地参观四季如春的蔬菜大棚和工业化农业种植区，亲手体验蔬菜种植的每一个步骤：放基质、浇透水、压出沟、放种子线、覆土等；"清明时节忙采茶"——

学生们整装待发前往庐江白云春毫茶旅研学基地，背上小背篓，兴奋地走进茶园，聆听讲解，学习采茶的相关知识，参与采茶劳动，牢记"一叶一芯"，用自己的双手采下这大自然的神奇馈赠……借助大自然节气规律，联结课内课外资源，让学生在参与劳动的过程中，体味人与自然生态系统的关系，感悟中华优秀传统文化的魅力。

第二章 校园文化生态

  文化，原本以为是一个很好理解的概念，但通过阅读国内外相关研究论述后，才发觉不论从历史性发展来说，还是究其构成要素的复杂性而言，不同流派、不同学者的阐述，都有一定的差异，很难一语概之。由此，理解"文化生态"也不太容易。"文化生态"有解释其为文化的自然发展所形成的文化生态，是一种历史过程的动态积淀，是一个比自然生态更为复杂的系统，毕竟人不仅具有自然属性，还具有一定的社会属性。

  范国睿在其著作《教育生态学》中提到"文化与教育生态"时，引用了美国人类学家米德的观点"早先古老的文化适应于不同的栖息地、不同的生活文化和不同数量的人口"，关注到文化的区域性特征；美国人类学家威斯勒提出，后经美国学者斯图尔德的阐述得以发展的"文化区"概念，倒是特别符合这里想表达的"校园文化生态"理论背景的描述。如："文化区本身是一个历史性概念，共享同一生态区位的人们，在相似的地理环境中，形成了各种文化特质，并在共同的生活和文化交流中将那些比较适合人们需要的文化特质作为一种历史遗产一代一代地传递、积累、保留下来，从而形成共同的文化传统。因此，文化区作为一种历史形成的文化环境，其居民的心理、性格、行为都具有区域文化的相似性特征，而且，区域文化一旦形成，便具有相对稳定性。"①

　　同理，依据文化生态系统所具有的动态性、开放性和整体性特点，一所学校的文化生态，是自建校时建章立制之后，随着历史发展的进程，在一定历史和地域条件下不断形成特有的文化空间，一代又一代的校园师生在长期发展中逐步形成具有独特烙印的教育教学方式方法、师生关系、管理风格、教育评价原则等教育生态表现，最终共同构成了丰富多样、充满活力的、相对稳定的样态。

　　南小森林城是一所充满人文内涵和教育关怀的校园。南小森林城校区是依托南小教育集团的办学理念成长起来的一颗冉冉新星，自诞生之日起，就自带百廿年校园文化生态的印记。学校的名称从字面上就给人一种生机盎然的教育印象，身处其中，你会更真实地感受到一种自然、阳光、积极、和谐、欣欣向荣的教育生态，充满"万物关怀"的美好。立足于本地域环境文化生态，南小森林城围绕"让每一个孩子主动全面发展，健康快乐成长"的办学理念，进一步发展为"创森林样态，发现儿童潜能，促自主发展"的办学主旨，倡导看见每一个儿童，以儿童为中心，让儿童站在学校的中央、课程的中央、文化的中央。

　　李心怡和朱维悦两位老师都曾是南小学子，现在均回到母校工作，成了南小的优秀老师。很好奇，她们身上的南小烙印究竟是什么？列了采访提纲对她们进行采访，想以此初步探究南小教育的精神密码："作为南小学子，能否用一两句话分别说说（无须深思熟虑），一是南小给你留下的最深刻印象是什么；二是南小对你未来人生最大的影响（或作用）是什么；三是以教育人眼光审视南小，你觉得她最值得你留恋的是什么？"

　　朱维悦老师不假思索地回答："最深刻的印象是学校的健身周，何老师带咱们班级一起参加拔河、跳大绳比赛，同学们的集体荣誉感和集体凝聚力陡升。还有每周五下午不上文化课特别开心，记得当时每间教室里都有电视，大家一起看学校电视台节目。南小的活动丰富多彩，元

① 范国睿.教育生态学[M].北京:人民教育出版社,2000:41-42.

旦和同学们一起包饺子，一起主持元旦联欢会，开心！南小对我人生最大的影响是她的包容度特别高，真的可以接受并关爱每一个不一样的学生，也让如今的我作为一名教师也能保持内心的柔软去关爱每一个学生。而作为教育人，觉得南小最值得留恋的就是爱，无论对老师还是对学生都非常友爱，真正以发展的眼光去看待，不会草率下结论，会给予每一位老师和学生关爱，帮助他们找到适合自己的位置，找到自己的价值！一直觉得自己很幸运，南小，何老师，感恩遇见。"朱老师的答案中，聚焦了"爱与包容"的关怀力量。

采访当日，李心怡老师发烧了，却也清晰地做了答复："最深刻的印象是深厚的情怀和底蕴。在离开南小之后，我才发现她为我的人生烙下了底色，比如永远自信，这是一种面对困难的勇气和决心。有一句话叫"幸福的人用美好的童年治愈一生"，最值得留恋的就是在南小度过的时光。"李老师的答案中聚焦了"自信的底气"源自童年的美好时光。

文化是有力量的，文化的传承是可以看见的，良好的文化生态是真的可以酿造出传世醇香美酒的。

第一节　森林样态，自主发展

见 微 知 著

曾赴西安参加中央电化教育馆组织的全国第五届SMART杯交互式电子白板教学应用大奖赛，当时听过成都一所学校的美术老师带来的课堂教学设计，主题是关于城市里的树。她纯熟的信息化教学技艺以及赛课主题，至今使我印象深刻。很抱歉时隔多年的回忆，已带上个人理解，不一定和原先设计完全一致，只记得大概内容和当时作为观众的惊艳与心动：树，是城市里忠诚的守望者。每一棵树都是有感情的，只要你能真正走近她，观察并发挥想象，你会发现她的情绪表达恰恰是记录了这座城市的故事。你可以从树形、色彩、树皮、花叶等分析出她的悲喜：如何移植到当下的环境里，曾经经历了怎样的天气，怎样看待平常日子的平淡和节日的喧嚣，聆听在她茂盛的枝干下暂时驻足或走过的人们聊了什么，发生了什么……这位教态潇洒的女教师将不同姿态的树的照片背后，都配以不同风格的音乐，每每点击图片，树的照片背后就会旋转出一幅舞蹈的照片或视频（有的是自然界中树的"舞蹈"，有的是人类的舞台艺术表演），配着音乐及视频再看一棵棵树，果然懂了些许树的情绪：悠扬舒展的轻音乐中，树的温和性情是细腻顺滑的枝干，是层层叠叠的小叶片中穿梭的似铜钱般大小的阳光；激情澎湃的交响乐中，树的内心挣扎、不屈的呐喊，是那粗壮、凹凸不平且黑亮的树基，是狰狞裂纹、褐灰斑驳的树皮，是扭曲百转却依然拼搏向上的身姿，是硕大而自由舒展的大片叶子……

　　从西安回到学校，第一件事就是观察我们的校树——榔榆，聆听她的声音，感悟她的传奇。记得那是特别平常的一个午后，阳光播洒下来，树冠上那随风摇曳的小叶片扑朔着、交替着，闪着耀眼的金光。她依然是那种安详的姿态，矗立在那里，静静地端详着校园里的一切。似乎一切都是静止的，又似乎一切都在流动着。榔榆树下，有一座景观石，上面刻着时任教务主任张盛瑾老师题写的《榔榆赋》："榔榆，亦谓小叶榆也。其旱湿不忌，冷暖皆宜，萌生力强，耐修剪成材。单叶互生，叶状椭圆，小而面质硬也。公元一八九七年，建校伊始，植榔榆两株，位于校长办公小楼西侧也。后承天露沐朝阳，茁壮成长，树高十余米，枝繁叶茂，荫蔽学子，历经风雨，百年不衰，谓之校树也。　上世纪末，校园统筹，仅余一株，本世纪初，榔榆染疾，内病腔空，唯其斑状如鳞片之表皮支撑也。为师生安全，乃忍痛割舍。年余，自紫蓬山移此小榔榆，植于原地。两月，树渐绿，枝舒叶展，承其先辈，见证南小，护卫校园，与学子携手向上毫不懈怠也。撰此文以作史记，亦慰藉四海之内吾校之学子也。"

　　榔榆，我们的校树，就像一座办学精神图腾，始终驻守在校园里，默默地向我们传达着信息。她枝叶茂密，形状优美，可以在崎岖不平、环境恶劣的山地生长，寓示着坚定、忠诚、团结和繁荣，是一种象征积极正能量的文化符号。每年新生入学培训第一站，就是在榔榆树下听听南小的故事，感受万物向上生长的能量。

　　南小森林城自建校后，亦先后移植了两棵榔榆，尤其是那棵大株，站在学校的文澜阁、行知广场、明德楼、思辨楼，都能一睹她高大、挺直、沉稳的姿态。请南小曾经的学子、如今是南小的教师心怡（花生老师）为她撰文——《森林榔榆记》："榔榆者，森林之嘉木也。时未羊，植一小株，越五年，自紫蓬徙一大株于此，承南小百廿之教风，谓之校树。春饮朝露，夏荫苍苔，交文澜而结知行；秋沐风霜，冬覆素雪，侣明德而友思辨。羽盖葳蕤，寒旱何惧；绮枝亭亭，翠色如斯。稚子绕旁，鸾凤清声；纷其可喜，愿为长友。播桃种李，路漫漫其修远；榔榆靖节，风飔飔乎永传。"

　　十年树木，百年树人。从"榔榆赋"到"榔榆记"，校树之魂，已融入南小师生精神之骨髓，载入南小师生做人做事之秉性。

一、校园品牌文化视觉形象，从校徽标识开始

　　文化是品牌建设最深沉的支撑力。品牌是文化的载体，文化凝结在品牌中。学校品牌的概念是借鉴商业体系品牌建设而来，是指用视觉符号的设计系统来传达学校的办学理念、办学特色、教育行为、团队风格等，从而提升学校教育品牌的辨识度。学校品牌文化的视觉形象设计包含方方面面，凡是大众能看到的都应该是其涉及的范畴。可视化的品牌外观设计，将学校内涵的文化价值以特定的视觉符号进行生动表达，帮助人们提取更多附带情感的信息，走进受众的心灵，润物细无声地伴随

成长，更是帮助学校做明确的形象定位，引领全体师生凝心聚力、奋发有为。

校徽，即学校徽章，是一所学校的标志之一，也是学校最重要的文化视觉符号之一。通过图案、文字来表现学校的性质、特征、办学思想等，能激发学子对母校的自豪之情和亲切的归属感。南小森林城的校徽（如图 2-1）是基于本部校徽元素及集团徽的设计灵感而创作的，汇聚了师生、家长、专业人士的智慧和情感。

图 2-1　合肥市南门小学本部校徽、教育集团徽、森林城校区校徽

南小本部校徽的中心图案是四个乒乓球拍围绕中轴形成的对称图形，象征着南小是全国乒乓球体育传统特色项目学校，球拍变形图案又像是四个孩子围坐在一起谈天说地，其乐融融的样子，象征着莘莘学子团结友爱、勤学互助的精神。

南小教育集团徽以南小校徽的风车为主体，扇叶的造型变化在构图上体现标识的空间感，象征南小核心文化引领集团发展前行；风车四个花瓣代表学校在合肥东西南北四个发展方向，也象征在共同的精神领导下，一起努力实现教育集团品牌愿景。风车提供动力、提供力量吹动蒲公英的种子带着美好的愿望在空中自由地飞翔，将种子吹向四方。风车底部为校名中"南门"的首字母"N、M"变形。同时，三朵蒲公英种子契合学校曾经的校名"三育"——育灵、育智、育体，蕴含着德智体美劳全面发展。色彩上除了契合原校徽色彩体系外，蒲公英的色彩靓丽，使得标识更加活泼。

南小森林城校区校徽以南小本部校徽中的风车造型为主体，寓意南小森林城校区将秉承南小本部的优质办学思想和文化教育。下方由抽象的鹿角组成，鹿角代表南门小学的吉祥物：灵鹿。同时，鹿角形似树木枝干，代表千姿百态的森林。组合后的图形寓意着南小森林城校区像森林一样包罗万象，万物自由生长，不仅是孩子们的学习乐园，也是所有老师及家长共同的精神家园。颜色上以本部校徽的绿色为基准色并稍加调整，以原绿色为主色调，调入蓝色。

至今还记得，一向素雅沉静的美术组大组长刘艳丽老师带领全组小伙伴，参与校园文化主创团队和广告公司一起头脑风暴的那几日。因为最初的几稿设计总是不能将大森林、吉祥物灵鹿的元素融入，即便强行加入，也觉得很突兀。熬了几晚后，一个偶然，刘艳丽老师用笔重新勾画了鹿角的雏形，改变了原先对称伸展的形态，将鹿角改为写意一点儿的毛笔绘制——受北京奥运会的会标创作灵感的启示，尤其强调了毛笔轻刷过后的留白。就这样，在与设计师的进一步沟通中，设计画面渐渐灵动起来：风车主体的下方那写意几笔，既像大树枝杈——象征着森林样态下的生命多样性和生命关怀；又像鹿角——代表着吉祥物灵鹿，做最好的自己，榜样领路、互助先行；还像向上托举的双手——寓示着全体教师秉承南小教育情怀，呵护南小学子健康快乐成长。

校徽设计的内涵外化，是以整合图像、色彩、文字等独特的设计语言，转化为醒目的识别力、强大的感染力，向全体师生、家长及社会，诠释着南小森林城的办学理念、精神文化："创森林样态，发现儿童潜能，促自主发展。"学校营造自由舒展、和谐共生的森林样态，尊重生命的多样性，构建生命成长乐园，建设具有特色的"森萃"课程体系，打造"树木树人"的师资队伍，培养"博识开拓"的莘莘学子，创建"自主自美"的灵动校园，为每一位学生提供潜能开发和个性发展的教育环境，为每个孩子的成长赋能。让思想自由呼吸，让生命自由成长，无论是学生、教师还是家长，都可以从"森林样态"中汲取养分，共生共荣。

二、"三风一训"，须坚守的办学之魂

风者，作风、风气、风尚、风格也。

国有国风，民有民风，家有家风；校有校风，师有教风，生有学风。

校风、教风、学风和校训，俗称为"三风一训"，是学校的灵魂。"校风"，则列于办学之魂的首位。良好的校风具有强有力的育人功能，虽不是具象形态的风，却具有无形胜有形的强大感染力：长期浸润其中，会潜移默化地被渗透、被同化，说话做事会一个腔儿、一个调儿、一个范式，隐性基因传承，化为多样显性表达；会被促进、被约束，不躺平不懈怠，不触底线不越界，随影随形的他律，似隐形的规则，如道，如法。换句话理解，就是学校风清气正，则教风、学风也必正。"故近朱者赤，近墨者黑；声和则响清，形正则影直""蓬生麻中，不扶而直；白沙在涅，与之俱黑"说的也是这个理儿。

前面的两位老师，她们回忆南小岁月时，一直铭记的是母校的人性关怀，是恩师们爱的尊重、理解与支持，是同窗同伴携手并进的温暖情谊，是被爱滋养而激发的持久内驱、强烈的自我自主意识，这些种种融会在一起，就构成了南小的风格、风尚、品格——"校风"统领下的"三风一训"全部精神，伴随着童年、少年、青少年的成长。

南小森林城是南小母体延续的理想范式之一，依托本部"以人为本自主教育"民主文化内涵，基于自身的"森林样态"文化生态基底，制定了"三风一训"："自主自美 共生共荣"的校风，"务本求真 树木树人"的教风，"乐学笃行 博识开拓"的学风，以及"求实创新 勤学健美"的校训。

何谓"自主自美 共生共荣"？费孝通先生提出认识和处理不同文明之间关系的共处原则："各美其美，美人之美，美美与共，天下大同。"这蕴含中国智慧的"十六字箴言"同样适用于校园文化生态建设。

试想，当校园里每个生命体都能自尊自爱、自主自美、各美其美，然后能彼此欣赏、美人之美、互相包容，最终达到志同道合、美美与共、共生共荣的"天下大同"且"和而不同"的理想境界，这不就是持久而稳定的生态平衡、万物皆有灵的森林样态吗！

"自主自美 共生共荣"的积极校风，会构成一种独特的教育心理环境，产生心理学中"情绪感染"的积极涟漪效应，铸就了校园文化生态的基本条件；像是孕育生命的摇篮，培育种子的沃土，承载着生生不息的希望；像是一面鲜明的旗帜，一支日日高歌的号角，引领着校园里人与人之间多维和谐关系的共建。

何谓"务本求真 树木树人"？《管子·权修》中有言："一年之计，莫如树谷；十年之计，莫如树木；终身之计，莫如树人。一树一获者，谷也；一树十获者，木也；一树百获者，人也。"后人提炼出"十年树木，百年树人"，充分说明教育的重要性，培养出人才实在不容易。"务本"，是致力于根本，"君子务本，本立而道生"，强调注重根本、重视基本原则。"求真"，是指追求真理，寻求事物发展的本质和客观规律。如此，"务本求真"就是一种做人做事的态度，也是教育者应该秉持的一种尊重规律、追求本质、坚持根本的教育态度，是对教育之道的规范。"教，上所施下所效也。"《说文解字》中对"教"的解读，充分说明教师个人为人处世的态度、立言行事的方法，都会对学生的未来成长产生重大影响。班固在《白虎通·三教》中也提道："教者，效也，上为之，下效之。"实事求是，求真务实，教风行大道，学风亦清正。

继而，再说到学风——不仅指学生学习之风气，也指教师持续学习之风尚。何谓"乐学笃行 博识开拓"？"乐学"，顾名思义，就是能在学习中找到快乐，目标坚定，拥有持久的学习力。"笃行"是学习的最后阶段，《礼记·中庸》有言："博学之，审问之，慎思之，明辨之，笃行之。"意思是既然学有所得，就要坚持不懈、切实地将其践行，做到"知行合一"。只有目标明确、意志坚定的人，才能真正做到"笃行"。无论是学生，还是教师，具有"乐学笃行"的态度，成为"博识"之才，怀"开拓"之精神，心向未来，学成为国，才是校园里应有的学术气质、文化格调和长青风尚。

何谓"求实创新 勤学健美"？此处沿用南小本部校训的响亮口号，因为此校训是南小历代前辈们栉风沐雨、实践探索得出的，是象征南小先进的教育理念、办学特色、治学风格、价值信仰等特定文化内涵的座右铭，将时刻激励着南小森林城全体师生共学共进、共生共荣。

三、校园吉祥物"灵鹿"，伴"我"成长

吉祥物是人类在与大自然的斗争中形成的原始文化的产物，最初以满足生存需要为本能，使得其文化概念以趋吉避邪为主。例如龙、凤、麒麟等祥瑞之物，祖先创造它们并赋予它们象征意义，就是为了祈福健康平安生活。

那么，学校的文化生态建设是不是也需要这样的文化载体、文化符号呢？答案显而易见，校园吉祥物就是学校的形象代言，是校园文化精神图腾不可缺失的一部分。她体现了学校的办学文化内涵、定位、品位，拥有积极阳光的象征意义——热爱生活，有高雅情趣；理想崇高，有可嘉品质；温暖友善，有人文情怀。她与学校整体融为一体，富有创造力，给人愉快而丰富的遐想。南小森林城吉祥物"灵鹿"的诞生，也说明了这点。

起初，学校管理团队集思广益，围绕学校办学主旨，为吉祥物的象征意义、设计灵魂及逻辑主线精准定位；随后，我们集结一群志同道合、有教育理想和情怀的有识之士及家长朋友，进行头脑风暴、演讲表达、思辨讨论，探究准确定义，确定以气质高雅、温顺善良、勇敢且健康的"鹿"形象为吉祥物形象的设计基础；在此基础上，全校师生及家长积极参与，充分尊重每一位校园主人翁的意见和建议，以美术组为主体，举办校园吉祥物"小鹿"形象征集、设计比赛、海选投票（红花朵朵打卡记录）、结果公示等一系列民主决议活动，群策群力，共同绘制

了吉祥物小鹿的憨甜可爱模样，在学校办公室吴静主任进一步润色中定稿；最后，同样以募集、投票及专家论证的方式，给这只小鹿起个寓意美好的名字，学校办公室梅洁主任的创意命名"灵鹿"从海量名称中脱颖而出，给予我们对其无穷的联想——活泼友善、健康自信、充满灵气的快乐小鹿，是大森林中自由快乐灵动的小精灵；"灵鹿"谐音"领路"，寓示着老师们是孩子们的领路人，引领孩子们博识开拓、自主成长，成为一个乐学笃行、向阳尚美，全面发展的少年，也激励着所有孩子成为最好的自己，彰显独特个性，在若干领域中成为同伴的好榜样（前文中所提"萤光少年"也基于此意）。

就这样，凝聚森林众人爱的智慧，我们的校园吉祥物"灵鹿"终于诞生了！

为加强"灵鹿"吉祥物文化整体传播的力度和效果，进一步促进学校发展，我们结合"灵鹿"形象的可塑性、创造性，根据教育场景的不同需要，设计了各种表情、姿态、动作，既有静态矢量图，也有动态表情包，还有情境生成语言，以及形象玩偶服，使之形象更加立体生动（如图 2-2）。与此同时，一系列围绕"灵鹿"诞生的文创产品、活动品牌、场地标志等应运而生，如灵鹿钥匙扣、灵鹿摆台玩偶、灵鹿手机架、灵鹿五育争章册、"德智体美劳"灵鹿争章挂件，还有灵鹿融媒体中心、灵鹿广播电台、灵鹿艺术团、灵鹿体育俱乐部，以及"灵鹿杯"各项活动赛事等。在吉祥物文化的传播中，"灵鹿"所象征的"创森林样态，发现儿童潜能，促自主发展"的办学理念也慢慢浸润在校园文化生态中。

a

b

图2-2 校园吉祥物"灵鹿"形象部分文创品(a)和表情包(b)

四、校歌，校园文化主旨之歌

在校园里徜徉回荡的歌曲有很多很多，但校歌是每周升旗仪式前、重大校园庆典或成长礼必唱的歌曲，是代表一所学校的歌，是学校办学理念、精神文化风貌的集中表现，是对师生的激励和唤醒，是对外表达的自信宣告。两千多年前的孔子创办学堂，诗与乐就作为教育的重要内容。《庄子·秋水》中提道："孔子游于匡，宋人围之数匝，而弦歌不辍。"后人见到"弦歌不辍"，自然联想到勇敢保持教化育人精神的孔子，也由此联想到校园生活，激励师者坚守教育理想。

南小本部的校歌名为《南小之歌》，王和全作词，毛仲玉谱曲，南小师生一直传唱至今。随着歌曲的传唱，我们铭记在心的是对母校的感恩与怀念，是对当下奋进的鞭策与鼓舞，更是对未来的期许与责任。歌词如下：

"你为我们敞开知识空间，我们是你放飞的一群春燕。花园一样的校园滋养幸福的童年，红烛一般的老师倾注慈母的温暖。啊，南小南小，我们的南小，德智体美劳全面发展，我们样样都争先，啊，从小爱唱追求之歌，我们展翅翱翔在晴朗的蓝天。

你为我们铸就人生跑道，领着我们冲刺成功的明天。熔炉一样的课堂铸成红星闪闪，丰富多彩的活动编织兴趣的花环。啊，南小南小，我们的南小，求实创新勤学健美，庄严校训记心间，啊，天天高唱奋斗之歌，我们携手攀登理想的峰巅。"

南小森林城的音乐组雷成靖、程钰、邱圆、李娟等老师在校园文化生态的浸润中，自主开始了校歌创作，他们联动其他学科教师一起合作，如语文组付亚男老师、陆凤鸣老师、程婧文老师，作品虽很稚嫩，却着实令人感动。

第二节　让学生站在学校的中央

见微知著

曾在网络上看过"对植物播放音乐"的新闻及相关研究。譬如，英国皇家爱乐乐团三十三名成员一起"为满屋花草弹琴"，以证明植物听古典音乐，会生长得更茂盛。美国的农学家乔·史密斯的研究甚是有趣：玉米和大豆"听"过《蓝色狂想曲》，大部分都提前数日萌发，成熟后的重量要比传统种植的重四分之一；枯萎的玫瑰或干瘪的红萝卜听了贝多芬的《命运》，会神奇地恢复新鲜水灵的样子。原来，音乐是一种有节奏的声波，它的振动能对植物细胞产生一种刺激，可以加速细胞的新陈代谢。法国植物学家斯特哈默的研究结论，也证实了植物真的能"听懂"音乐，但植物对音乐也有偏爱。例如，白菜、豌豆和莴苣喜欢莫扎特的作品，芦荟喜欢《蓝色多瑙河》，仙人掌喜欢《蝙蝠序曲》，含羞草喜欢

《春之声圆舞曲》，竹子喜欢《皇帝圆舞曲》，番茄偏爱《浪漫曲》……

那么，动物呢？以往总是在父母或师者那儿，听到关于"对牛弹琴"的抱怨之词。但逆向思考一下：牛真的听不懂音乐吗？听不懂人类的琴声，真的是牛的错吗？"公明仪为牛弹清角之操，伏食如故。非牛不闻，不合其耳矣。转为蚊虻之声，孤犊之鸣，即掉尾奋耳，蹀躞而听。"这则寓言故事已经告诉我们答案：说话要看对象，使用其话语体系，走入其世界，才能实现沟通。

列举上述现象，是为聚焦"文化生态"，表达一个观点：教育的原点是学生，让学生站在教育的中央，以学生为中心，这样的文化理念自然发展所形成的校园文化生态，才能适宜学生的成长发展。适合的文化生态浸润才是真正有感染力的，有力量效应的。就像"对牛弹琴"，弹琴者若能以牛为中心，对牛弹"对"琴，弹出它能听懂的声音或乐曲，牛也是会有反应的，而非"不闻"。

南小森林城的文化生态里，就流淌着这样的回归教育原点的文化基因：森林样态下的万千生命皆可贵，以每一位儿童为中心，努力发现儿童潜能，搭建平台为其赋能，促进其自主发展，快乐成长。

一、一切为了孩子——让学校成为学生的学习乐园和精神家园

现在所做的所有关于儿童的工作，都是为了孩子们。这一点，南小一直坚持，所有的教育教学活动都秉承着"为了每一个孩子主动全面发展，健康快乐成长"的办学理念。南小森林城也不例外，承袭本部"以学生为中心"的传统活动。

比如，怎么过六一儿童节？20世纪90年代，大多数学校的做法是在这一天举办一场歌舞比赛或文艺表演，合唱啦，舞蹈啦，朗诵啦……早些年，学校经常去安徽大剧院举办六一会演，请专业评委为节目打

分，会当场公布成绩。通常，一年级的小朋友不太懂奖次区分，听到自己班获得三等奖也会激动得欢呼雀跃。只有班主任和家长在一旁面面相觑，既尴尬又落寞。记不清从什么时候开始，很少再设有"三等奖"了，再后来，就在操场上搭台子表演了。记忆里几乎每个"六一"都是骄阳似火，免不了祈祷："但愿自己班能划到为数不多的树荫下面的阴凉地。"满操场的孩子们乌压压地坐在自己带的小板凳上，大部分时间都暴露在阳光下。忙了半天，台上演的什么，后来都记不清了，只记得自己班里的比赛成绩、表演效果，或是最出彩或是有小插曲的节目。有节目的孩子要么在后台紧张地候场，要么在台上表演给大家看，而台下的孩子们坚持到大半场后就坐不住了，耐不住性子的孩子会借口上厕所，进进出出的，想让他们安静地看完整场演出实在太难。

六一儿童节什么时候能真正成为孩子们的节日呢？费广海校长在前辈办学思想的指引下，通过调查问卷、学生座谈，做了大胆的改革——让孩子们做自己节日的主人，也能像大人一样逛逛游园会，好好地玩一天。于是，在多方谋划筹措下，属于孩子们的六一游园会（后又称为庙会）办起来了。在这一天里，学校变成了游园会、庙会的现场，有花样美食制作及品尝区，有自创规则、自制道具的游戏体验区，有歌舞吟诵、武术花剑、传统文化技能等多样才艺展示的T台表演区，有自由交换旧物、热心义卖的儿童跳蚤市场，有艺术科技体验感受区，有传统文化、非遗项目传承演绎区……所有的教室、功能室、报告厅，能用上的都用上了，热闹非凡，连无任何遮挡的操场，也几乎无一空地（后期开始渐渐出现了遮阳棚、遮阳大伞）。孩子们顶着烈日在各个点位游逛，玩得不亦乐乎。在校园里任何角落遇见的孩子，脸上基本都洋溢着开心的笑容，还不时地扬起手里的宝贝，向我们炫耀他们的收获。

结合国家级课题《学校主导下的学校、家庭、社会合育模式研究》子课题《家校共育环境下，培养儿童科学理财习惯的实践研究》，我们还推出了校园币——学生设计校园币的正反面内容，海选出来的作品将印制成六一游园会等活动校园流通币，面值一元，免费给全校学生每人发五张。孩子们可以在六一儿童节这一天，在校园里使用校园币购买物品，也能通过才艺表演等形式挣得更多校园币，最后所得校园币还能根据比例去大队部兑换小礼品。

这快乐的一天成为孩子们津津乐道、意犹未尽的永恒话题。六一办游园会、办庙会这一创举也成为期末学生座谈会上始终热度不减的"最喜欢的校园活动项目"。因为在这一天，孩子们可以做最自由、最幸福、最快乐的儿童，欢度属于他们的节日。

二、为了孩子的一切——重视"小大人"的心声

涉及有益儿童的一切事项，我们都要努力去做。哪怕有难度，也须想办法克服困难去做。关于这一点，南小森林城一直在努力践行。以学生为中心，那就多站在学生的角度思考：什么样的校园才是学生喜欢的校园？近水知鱼性，近山识鸟音。要想真正了解学生的真实想法，就需要融入他们所处的环境——课堂、课间、操场、家庭、小区等，近距离观察、研究、实践。当然，除了多走近孩子，多观察、多体会、多了解，更要想方设法走近孩子的内心，多听听孩子的心声。我们经常使用师生访谈、学生座谈、调查问卷、公众号留言、校长信箱、树洞姐姐信箱等多种形式，及时收集孩子们的意见、建议及悄悄话。

说到校长信箱，起初设计目的主要是面向家长及社会群体开放，建立家校沟通的桥梁，及时收集家长朋友及社会有识之士对学校办学的意见和建议，从未想到孩子们竟然也会给校长写信。

记得有一次科学体验活动在文澜阁图书馆一层报告厅举办。由于座位有限，只能安排各班学生代表参与。活动结束后，一位高年级女生撅着嘴，气呼呼地冲到舞台前面，一边说："校长，您不公平！"一边递来一张字条，上面写着"校长，太不公平！！！"非常用力写的字儿以及三个惊叹号，几乎把纸戳破，可见这个女生当时有多愤怒。校长立马喊住转身要走的女生，问其原因，才知道她对活动中由家长随机选择同学上

台参与的做法很不满："这几位家长选择的都是他们自己孩子班级的学生！"一时间恍然大悟——大人们所理解的公平公正公开，在孩子眼里还是有瑕疵的。既然觉得不妥，就赶紧对女生致歉："哎呀，真没考虑到这一点，难怪你这么生气！谢谢你的坦言相告，我们得在活动复盘中记录下来，以便进一步改进优化今后的活动安排！谢谢你哦！"女生绷着的表情一下子松了劲儿，转而腼腆地笑了。

还有一次是在晨操结束后，六年级两个男孩从班级方阵里跑出来，递来一张纸，仔细一看，是一封写给校长的建议书，题为《校长，请举办一次校园足球赛吧》。洋洋洒洒一大面纸，字里行间表述的尽是举办校园足球赛的意义、规程、操作方法，有理有据，难以拒绝。结局可想而知，经学校行政会议研究决定，郑重地请体育组老师帮助他们在毕业前实现了足球联赛的愿望。

一次又一次收到孩子们或直接或委婉的建议，不禁想到：什么样的事儿才会让人想到动笔写封信？一定是在他心里面特别重要的事儿吧，尤其对于孩子来说。干脆为孩子们设立一个"校长信箱"，充分尊重他们，让"小孩子"心中的"大事儿"能真正得到我们"大人们"的重视，同时，大人们也能及时捕捉孩子们的喜怒哀乐和情绪诉求，何乐而不为呢？说干就干，很快，德育少先队定制了森林木系信箱安装在校长室门口，并于学生晨会上做了相关宣讲。

为能及时反馈校长信箱来信内容，行政班子还确定了相关规则："校长信箱"钥匙由校长保管；由校长依据"开箱时间"进行信件内容梳理；校长个人能答复的，即刻答复解决，需要部门落实解决的，由校长及时截图发行政群里，便于信息沟通，各部门即时解决；每集齐一百封来信，由校长将信件内容分部门集中归纳整理，打印成纸质版，由部门负责人填写上报完成情况，达成工作闭环，不辜负任何一个孩子的认真来信；等等。

自2023年9月，南小森林城南北两个校区的"校长信箱"开设以来，陆陆续续收到孩子们大量的信件，涉及各式各样的内容。

关于校园建设的——

"亲爱的何校：您好！我认为我们南区的广场上面可以栽一棵榔榆树。此致敬礼。"2019级4班何同学的这封来信言简意赅，却表达了对榔榆树所代表的学校办学文化精神的理解和依恋。作为学校管理者，看到来自学生群体的关于办学理念的建议，让我们太惊喜！

"亲爱的校长妈妈，我希望北区的大厅也能装上一台水晶钢琴，这样再在墙上画出一只只飞舞的蝴蝶和一些花朵，让蝴蝶采花蜜。我觉得这样就能表现出我校的优雅风度。"2021级16中队藏同学的建议，让我们联想到学校宣传片的辐射力度，南区的哥哥姐姐们也一定炫耀过，尚美楼一层有一架高科技电子水晶三脚架钢琴，其高雅浪漫气息令人神往。

"能不能在学校（北区）的一棵大树上，建一个树屋？"2022级21班孙同学在信的下方附手绘设计图，看上去很有趣儿，很有创意，很契合森林城气质。

"我想，如果学校里能有秋千就好了。"2022级21班夏同学对于荡秋千的情结，估计只有真正玩过，才知道那种惬意的感受。

"建议在校门旁边放杂志架，里面放校园平面图。"2021级6班汤同学希望学校能像旅游景点一样，设置方便个人随时阅读的方位指引图。

关于校园活动的——

"亲爱的何校长，您好，上次春游让我念念不忘，还看到了春天的景色，于是我就想秋游，这样就能看金色的叶子是怎样跳着舞从树上落下来，请您放心，我们一定会注意安全，好好玩耍的。"2022级12班陈同学用优美的文字描绘大自然的生动场景，真诚的安全自护保证，让人实在不忍心拒绝他的请求。好吧，一起动动脑筋吧，在春季研学的成功经验基础上，来共同策划如何开启秋天的旅程。

"您好！从2022年到现在，我校举办了国际象棋联赛、篮球联赛、足球联赛、拔河比赛，我希望学校能开展一次羽毛球联赛，主要原因有以下三点：①我希望在小学最后一年的时间里多开展一些活动，并请老师拍照，留住每一天的影子；②在班里，同学们天天为体育这方面发愁，我们的体测成绩也不理想，这种联赛也可以锻炼体能；③现在许多人带羽毛球和羽毛球拍来学校，却因为学业的原因，无法有时间拿出来打。正好，这次联赛可以让那些同学发挥出自己的实力。希望各位领导经过商议通过此建议，谢谢。祝身心健康！"落款是"您的佚名好友"。六年级的孩子文从字顺，建议合理，在教学计划安排中尽量协调出时间来，还是可行的。

"亲爱的何校长，您好！我有一个很好的建议——希望可以在学校里举办一次绘画展览。理由如下：一是绘画展览可以展示出我们南小同学们的绘画风采；二是可以让大家相互欣赏借鉴；三是可以让我们的校园更加美观；四是可以让大家提高自己的绘画水平。主要组织想法是：在各个教学楼下和走廊中挂上同学们优秀的作品，每位画的作者可以在画的旁边或作品背面写上姓名、班级和作画思想与故事，也可以写上这幅作品的画作形式，如油画、水粉、国画、素描等，并写出此作品的创作思想与创作灵感来源。由于考虑到此项工程复杂，所以我提议每班选出四位负责人与各班美术老师合作完成，在这过程中，我们会尽量保持校园整洁。希望您能支持我的想法。谢谢。"

关于校园管理的——

"校长，我觉得食堂可以一周烧两次胡萝卜。因为我们都是用电脑上课的，吃胡萝卜对眼睛好。"2021级11班陶同学的这封信还自制了手绘信封，上面写着"请校长签收"，旁边还画着一个俏皮的笑脸。爱吃胡萝卜的孩子，餐品喜好不是跟美味口感挂钩的，而是跟食物功效相关，真是不简单哦，值得表扬。

"尊敬的何校长，您好！这是我第一次写信。二号楼（思辨楼）3楼有个小菜园（童耕园），大家对小菜园都很感兴趣，可是又不能随便进。所以，我觉得可以这样做：只要攒够两个灵鹿币就可以去参观3个课间，也可以给菜浇水、锄草……请问校长同意吗？"2021级14班吴同学和王同学的建议完全可以采纳，德育部门设计灵鹿币兑换规则里就有一条："满足一个小心愿。"

"可不可以让每个班做一次有趣的作业，比如：收集'秋天'？"2021级2班孙同学开始有创意地设计作业了！若老师们充分激发孩子们的自主性，学习真的是孩子们自己的事儿！

"校长您好，我是来自六年级14班的王同学，转眼间我都快要毕业了，我会想念您的！我也渐渐地长大了，我再也不像一年级一样爱哭爱闹，我变成熟了，在这里我想说'谢谢！'在毕业之前，我们也想上一次游泳课，可以吗？我永远爱您（手绘心心）。"2018级的王同学，别急，学校早有安排啦！没有赶上海豚游泳馆建成使用的两届学生，都会在毕业那年安排免费普惠游泳课的。

"亲爱的何校长，您好！我是今天《女孩，勇敢》讲座上提出想要做卫生巾自助箱的人。请您原谅我的先斩后奏。在今天之前，我们就已经在2号楼的四楼女厕放置了一个自助盒。一开始效果很好，有很多女孩往里面放卫生巾，但是从上周开始，卫生巾的数量就急剧下降，我们发现后就又放了很多，可最后还是会一个不剩，我们在箱子上写了'一借一还'，但盒子里的卫生巾存量还是老样子，我们感到无奈又沮丧，怀疑是不需要的人拿了。我们正在讨论如何解决这个问题，如果您有宝贵的建议一定要告诉我们。我们将于下周一在六年级每层的女厕都放一个，看看效果如何，初始卫生巾由我班女生一起提供，我们会把它们粘在女厕的洗手台旁的墙壁上（靠近里面），您看可以吗？感谢何校长。六（16）班全体女生"看到孩子们的自发互助行动，作为老师真的很感动，很欣慰。成长的历程中，女生们互相鼓励，彼此加油，那么，勇敢面对前路时，脚步将更坚定。

关于情绪的分享或倾诉——

"亲爱的何校长，您好！我是2020级5班的汤同学，今年刚来南区，我们收到了您送我们的书签，很是喜欢，天天带在身上，信封里有一个小咕卡，是我做的，希望您喜欢！"

"亲爱的校长，您好，我的爸爸要出差了，我很不开心。"

"我们班中队长评选不合理。"

"我和我的朋友友谊的小船翻了！我给她写了道歉信，可她还是不跟我玩。我该怎么办呢？（请回信，谢谢！）"

"我有一个爱吸烟的爸爸，他在家吸烟，在车上吸烟，就连在我的房间他都吸烟，我费尽心思让爸爸戒烟，可一次又一次的失败让我没有了希望，敬爱的校长，我该怎么办？（务必请回信）"

"何校长，我一直很想要您的一个签名，可我胆怯不敢直说，所以可以给我一个您的签名吗？（请回信）"

"请问您能不能在下午的课间见我一面？"

"请问您今天下午能在学校门口站岗吗？"

看到孩子们如此坦诚相告、诉说、求助，深切感受到教育的使命感，沉甸甸的，且带着温度。

还有不少没留名的来信——

"何校长，请您让每位老师不要调课，这样很麻烦，今天的美术课就被语文老师调走了！"附图是一个哭丧着脸的小朋友，还特意画了一个放大镜，放大了充盈着眼泪的眼睛。但没有留下班级姓名，看来孩子不想暴露自己。孩子对美术课的喜欢和依恋表露无遗，他们无法理解老师们调课的种种无奈。那老师们该怎么对孩子们解释呢？

"我有一个小小的心愿就是在食堂那片空地上，画一些游乐设施，比如：跳房子、跳远。校长，您辛苦了，要多喝开水，祝您健康！"只留班级名称没有留个人姓名的一封信，大概率应该是午餐班的学生。每日就餐结束，有一段自由活动的时间，孩子们不能走远，只能在午休教室附近玩耍。怎样在保障孩子们安全的前提下，又能让他们充分享受这段午休时光呢？感谢2021级18班这个小朋友给我们提出的好建议，游戏设施来不及采购，但地面上的游戏图还是可以实施的，既方便实用，又节省资源。

"希望能让李老师温柔一点可以吗？她太凶了。"信的下方还附图一组：教室里，讲台前老师头发气得都竖起来了，呈现炸毛状，手里拿着长长的尺子。旁边标注"生气""发火了""尺子"的字样儿，生怕我们看不懂似的。收到此信后，我们没有急着找相关老师，而是走进班级观察，关注整体情况，走进学生群体了解，分析相关老师的态度是针对全班还是个体，接下来关心相关老师个人情绪的背后原因、生活状况有何变化，特殊学生群体的情况等，后期再指导育人方法。我们不反感有不同声音，不要害怕孩子不喜欢你，与你观点不和，甚至与你对抗，能暴露出来都是好事儿，这是给我们调整育人方法和状态的好机会。流水不腐，户枢不蠹，师生关系的和谐共生，需要良好的沟通交流。

对孩子们开设"校长信箱"的初衷，来自"森林样态"理念下"学生应在学校的中央"这样一个学生观的定位。办一所孩子喜欢的学校、不辜负孩子未来的好学校，首先应办成孩子们需要的好学校。学校的教育功能就是为孩子们服务，听听他们的想法是应该的。校长信箱对于孩子们来说，算不算是一个心语树洞呢？期待更多的孩子能敞开心扉，找到自己信赖的"树洞"说说心里话，森林城"校长信箱"愿意倾听所有孩子的心声，帮助每一位需要帮助的孩子。

为感谢孩子们的智慧与建言献策，学期末，学校特地印制了"校长信箱"答谢函，发给所有写信的学生，鼓励他们勇敢自信地表达自己的见解，及时反映问题、提出好建议、倾诉烦恼、分享快乐、请求帮助等，尝试用学到的本领解决真实的生活问题。孩子们拿到答谢函，会是怎样的心情呢？

三、为了一切孩子——万千生命皆可贵

生命平等，所有孩子都须得到尊重和关怀。"森林样态"，万千生命皆可贵的文化生态，让教育更具有崇高的价值。

南小森林城有一位很特别、很善良的女孩，全校的师生都知道，虽然身处逆境，却仍然保持阳光健康的个性，坚强乐观地面对困难与挫折。她热爱生活，热爱学习，热爱绘画和音乐，积极参与学校各项活

动，和同学愉快相处。记得一年级新生报到时，她就与众不同，个头矮小，面相不好看。通过她的外婆和母亲的介绍，得知她从小身患世界罕见性疾病——糖胺聚糖贮积症，是一种遗传代谢性疾病。因糖胺聚糖降解酶缺乏，导致糖胺聚糖聚集在体内不同组织，随年龄增长症状越发明显，常表现出体格发育障碍、智力发育迟缓等，部分患儿合并角膜混浊、胸廓畸形，随病情发展出现失明、心力衰竭等症状，需要终身持续性治疗。入学时，我们看到的状况应该是她一生中最好的状态，以后只会越来越糟糕，生病的孩子实在太可怜了。

为了让她能拥有正常的学校生活，感受到身边的爱，我们在开学时就把她的情况告知了所有的老师，尤其是她的任课老师，请他们给予孩子看上去很正常，实际上却非同一般的关心。特别有爱的班主任杜红洋老师在开学第一周，就精心策划，组织开展了主题为《天使在人间》的特色班队会，让同学们感受到她是个可爱的、让人心疼的折翼小天使，正在通过超越常人的努力来感受生活。班里的同学们从一开始见到她时的窃窃私语，议论她的特殊，到后来的上学、放学时主动帮她拎书包，午餐时主动帮她收拾餐盘，上楼梯时不自觉伸出双手搀扶她，走路时下意识地弯着腰靠近她，轻轻地和她说话，保护她……她的存在，不仅没有让班级同学心生芥蒂，反而让同学们都变成了有爱的天使，纯真善良的他们小小年纪就懂得了关爱他人，无时无刻不照顾着这个与他们不太一样的天使妹妹。

在慢慢适应开学生活的过程中，这个女孩报名参加了学校午餐班。没想到就餐第二天的午后，她的外婆就跑到校长室，泣不成声："我保护不了她了，她太可怜了！"原来，午餐班是混班重组安排，新组班的同学们不了解这个女孩的情况，免不了对她指指点点。她又委屈又害怕地躲在外婆身后，什么也不说。外婆着急地推搡着她："你跟他们说啊，说你生病了才变成这样！"可她仍低着头，往后躲。听外婆哭诉那一刻，我心里是感同身受的痛。学校的保护措施还不够，忽略了她所面临的同样陌生的午餐班环境。于是，立即召集午餐值班教师开会，明确了相关要求，要将这个女孩的特殊病情委婉地告知所有的就餐孩子：她很努力地在和病魔作斗争，她需要我们的尊重和保护。自此，孩子们都知道校园里有个特殊的她，心中不禁生出怜惜和深深的敬意。

进校六年来，她的身高几乎没什么变化，但样貌变化很大，在人群中的她显得愈发"特别"，可想而知，她所经受的身体及心理的疼痛有多少。但无论何时何地看到她，爱笑的她都那么自信、乐观，她会开心地和大家打招呼，倔强地自己爬楼梯、背书包……六年来，她和同学们一样每天上学、放学，参加做操比赛，参加六一游园会，参加研学游，参加油画社团……

有一次在校门口值班时，她的外婆感慨道："谢谢您啊，何校长，谢谢南小，正是因为你们无微不至的关心，孩子这几年才能过得这么开心。我跟您说，她在校外培训班里会大大方方地和同学说，'别看我个子矮，其实我很厉害呢，我是因为生病了才长不高的！'"毕业典礼后，她的外婆满眼泪水和我相拥，哽咽着说："别说她舍不得，我也舍不得……"

爱的力量是伟大的。爱让不幸的孩子在校园里也能感受到幸运。

这个世界是多元的，需要不同领域各种各样的未来人才，而不仅仅是高分的孩子。作为教育者应该思考如何发掘孩子的潜能，促进他们释放天赋，让长板更长。

记得南小森林城首届春之声音乐会拉开帷幕后，无论是最初的自主报名海选，还是进入复赛时的精彩片段打磨，以及最后全校集体搭台展演，都倾注了艺术组老师们的创意和奉献精神。他们想方设法让每一个参与的孩子都能在这个过程中得到锻炼，得到师长和伙伴们的肯定。为了给更多孩子登台亮相的机会，老师们不惜花更多的课余时间，进行主题化节目重组大联排。音乐会令众人瞩目的不仅是学生们的热情参与、激情展示，还有这批可敬可爱的好老师们。

更精彩的是，表演那天，在舞台两侧的操场空地上，同时进行的还有学生个人画展。画展作品来自两个文化课普普通通的孩子，但他们是班里最有绘画天赋的。其中一位范同学，在语文和数学课上表现平平，甚至有些让人着急，但在美术课堂上却闪闪发光，尤其是对色彩的感知力让他的美术老师惊叹不已。为艺术潜能突出的孩子办个人画展，不仅鼓励了作品主人，更是让更多的孩子看到，优秀有不同的领域，只要你在自己热爱的领域投入更多的热情，付出足够的努力，终将被展现。

义务教育办学环境要求我们接纳学区内所有的学龄儿童，而南小的办学理念"让每一个孩子主动全面发展，健康快乐成长"，是教育本该有的样子。南小森林城在此基础上，创"森林样态，自主发展"的校园，看到"万千生命皆可贵"，努力发现儿童潜能，给予生命应有的尊严和意义。

一切为了孩子，为了孩子的一切，为了一切孩子。以"人文关怀"为先的教育理念，早已渗透到南小森林城教育人心中。孙玲老师对随机分班的一年级小朋友们说："校长告诉我，我们班是特别优秀的班级，每个孩子都是好孩子哦！我真是太高兴了！我何其有幸能成为你们的老师，成为你们的班主任啊！"这样的开场白既激发了全班孩子的自信心，又促进了孩子们之间的彼此欣赏，为班级文化生态注入了优良的合作基础，还能积极暗示我们老师自己。期盼每一位森林教育人都能感慨：何其有幸，让我遇见每一个独特的生命！

第三章　校园环境生态

环境指某一特定生物体或生物群体以外的空间，以及直接或间接影响该生物体或生物群体生存的一切事物的总和。环境是相对于某一个主体而言的一个相对概念，通常可分为自然环境、人文环境、社会环境三大类，有时候也会把人文环境和社会环境交汇在一起理解。

如："白日依山尽，黄河入海流""日出江花红胜火，春来江水绿如蓝"，描绘了自然环境的壮美、绮丽。天然存在、未经过人工改造的自然因素所形成的环境，被称为自然环境。地球不同纬度所呈现的自然景观也各不相同，如森林环境的雨水自然比草原戈壁的要丰沛；土壤的酸碱性受不同地带、不同气候的影响，其不同特性又延伸到对植被、农作物及动物的影响，受土壤、大气等影响的动植物生长发展的态势，反过来又影响着环境生态的变化。

再如："滕王高阁临江渚，佩玉鸣鸾罢歌舞""秦筑长城比铁牢，蕃戎不敢过临洮"，描写了建筑景观的雄伟、壮观，气势磅礴。人类创造的精神及物质文化成果所营造的环境，被称为人文环境，如亭台楼阁、花艺园林、名胜古迹、器具设施等，当然还包括具有人文精神的人类非物质文明成果，如精神文化、制度章程等。身处其营造的环境中，得到沉浸式的情操陶冶、品格培育。

而《晏子使楚》里的"橘生淮南则为橘，生于淮北则为枳"，既阐明地域环境（气候、水土等）不同，生长出的水果样貌味道均不同，实际上也隐含着生活在不同的社会环境里，人的品行也相应不同的道理。"里仁为美。择不处仁，焉得知？"选择住处，应选择居住在有仁风的地方，跟有仁德的人在一起才好。否则，怎能说你是明智的呢？可见，自然环境和人文环境的生态样貌，对于生活其中的人们也有着直接或间接的影响。

诚然，社会环境对人们的影响更是深远而长久。社会环境是指由人与人之间的各种社会关系所形成的生活背景及环境，大到整个时代、整个社会，小至一个单位、一个家庭。《潼关吏》中的"士卒何草草，筑城潼关道。大城铁不如，小城万丈余"，文天祥《过零丁洋》中"山河破碎风飘絮，身世浮沉雨打萍"，都阐述了当时社会环境的动荡，以及身处哀鸿遍野的乱世中的民族豪杰的精神气概。

因此，"环境生态"不同于"生态环境"——生态环境指由生态关系组成的环境，"环境生态"是由环境因素影响生活其中的人类、生物的生存与发展，同时受人类、生物活动影响，发生能量、物质的转换，继而又反之影响环境的这种共生共融的关系样态。

图3-1　我的校园

作者：南门小学森林城校区2019级10班李常馨　指导老师：徐慧敏

第一节 自然与人文和谐统一

见微知著

南小森林城的北校区一进门就能看见一座拱形门标志性建筑——实验楼，其正南面的行知广场上规划了一大块铺展的草坪。四条伸展的通道路径将草坪自然分成几个区域，红砖小道在绿色草坪的映衬下，显得尤为突出，像是给草地扎上了红绸带。草坪两侧各矗立着八棵颀长秀美的银杏树，金秋时满树的铜锣串串迎风歌唱，堪称南小森林城十大美景之首。孩子们特别爱捡拾落在地上的银杏叶，夹在书页里，带回去给家人，送到亲爱的老师办公桌前，塞进校长信箱……保洁阿姨叔叔们也舍不得扫去落叶，只是轻轻挥舞着扫帚，借掀起的风带动落叶再次翻飞，将其慢慢集中在草坪的四周。

温暖的春夏之际，草坪上不知什么时候吹来了蒲公英的种子安家落户，要么昂首挺立一朵朵金黄色小花，星星点点地在绿色中闪烁，要么积攒了一簇簇毛茸茸的降落伞兵，等候一阵有情义的风。这儿成了蝴蝶、蜜蜂等昆虫经常低飞、采蜜、迂回、停留、栖息的地方。喜鹊、鸽子、麻雀等鸟类也常在午后的阳光下漫步，在浅浅的草丛中啄食。

2020年12月4日，一个稀松平常的中午，突然收到办公室吴静主任发来的图片和视频："看，看，这是什么鸟儿？好奇特的羽毛啊！"视频中的小鸟头顶的羽毛很有气势，一会儿竖立着支棱开来，像是一把羽扇；一会儿又收紧冠羽，羽毛紧贴头顶，黑白色的羽梢，和两翼及尾部的羽毛花色一致，像是披上了黑白条纹大围巾。黑色的嘴巴特别细长，比整个头部的宽度还长，很有力地在草地上戳了又戳。好特别的鸟儿啊！欣喜中，截图上网查询……"戴胜鸟！它是野生戴胜鸟！稀客稀客哦！"

"戴胜鸟"造访南小森林城，让我们倍感欢喜。因为戴胜鸟对生态环境有一定的要求，看到它出现在南小森林城，可见校园里的生态环境大抵是不错的吧。

图3-2 我心中的美丽校园

作者：南门小学森林城校区2020级7班许一乐 指导老师：陈茜

一、校园春天的影像诗

南小森林城假期教师值班制度运行过程中，有个不成文的规定"校园实景拍照打卡"。起初值班老师们就是随手一拍，不知从什么时候开始，这些打卡照片渐渐地变得愈发温馨、唯美、动人。他们或是选择校园最有标志性的建筑楼宇——实验楼、文澜阁，或是聚焦最能体现季节交替的灵动之美的校园一角或一元素——校树椰榆、蒲公英雕塑、呦呦鹿鸣的水车喷泉鱼池，一片有特色的树叶或一只奋力向上攀爬的小蜗牛。每次值班老师拍摄的照片或小视频，都能唤起屏幕前的我们对校园满满的热爱和眷恋之情。在学校制作校园二十四节气图鉴中，不少老师们的拍摄大作都被第一时间选为基础图呢。

2022年3月，学校特举办首届"春天的影像诗"校园最美风景的摄影、摄像作品征集活动。南小森林城灵鹿融媒体中心程钰主任的倡议词写得很好："春天的浪漫，大概就是孩子们在繁花下灿烂地微笑，或许，是花营造了氛围，或许，浪漫的本身是孩子们的存在。为提升广大师生员工热爱校园的真挚情感，记录校园美好的春天，留下美好的记忆，校灵鹿电视台融媒体中心特举办'春天的影像诗'摄影、摄像作品征集赛活动，以此迎接春天的到来，展现南小森林城优美的校园风光、丰富多彩的校园生活、温暖的人文情怀及文化氛围等。"活动时间短，加上宣传不到位，仅收到来自教师、学生、家长的参赛作品88幅，但整体风格均体现了积极向上的教职员工精神品质和芸芸学子气质风貌，让我们非常感动。

作品《春光乍现》拍摄的是幽暗狭窄的长廊里，一束耀眼的阳光穿透而过，形成环状的层层圈圈的光晕，一顶桃花瓣点缀的油纸伞及喜庆的红灯笼在光影中凸显出来，似乎喻示着冲破心灵的阴霾、迎接春日生机的勇气。

作品《萌新少年》的背景是校园围墙上"新时代好少年"的宣传栏，一个帅气的小男孩双手振臂，双腿腾空跃起，目视镜头虎虎生威，正如作品简介里描述的那样："春回大地万物复苏，萌新的春天里，让我们一起海阔凭鱼跃，争做南小好少年！"

作品《雏春》画面聚焦一个孩子捏着刚挖出来的虫子，模糊的背景是孩子一脸惊奇的样子，还配了一首小诗："冬虫探出俏皮的脑袋，吹响雏春的号角。树木抖落枯黄的旧衣，披上嫩绿的新装。孩童握起翻新的铁锄，耕耘满目春光……"

作品《孤勇者》（作者孙玲老师）画面里是一群孩子正观看一个男生的武术表演，看到表演的男孩手臂伸直、双手撑地的腾空倒立姿势时，所有的孩子几乎都露出惊讶、瞠目结舌的样子。作品简介更是画龙点睛："2022年注定是追光的一年，也注定是每一个追梦少年记忆犹新的一年，向着光成为英雄，成就一个坚强的孤勇者，以自己的梦想和信念去面对黑暗中的磨难与徘徊。"

作品《春》巧妙地用镂空技巧，拍摄了春天的花园美景，呈现了寻找春天的单元系列实践活动。与此创意相似的是作品《春姑娘》，纸上春姑娘的衣裙也是镂空的，背景中新发的红叶正好做了衣裙的写意式涂色，"春"的韵味立刻浮于纸上。

……

大家眼中的一树一花一叶一风景，不单单是静态的自然之物，而是其背后充盈着师生每日在校园里发生的平凡而感动的故事。用镜头表达的方式，借物喻人，借景抒情，将自然环境与人之间发生的联结进行艺术性呈现，让人与环境生态互相影响、推进、升华。

凡是参与活动的作品作者都收到了融媒体中心精心设计的证书及小礼品。学校对作品进行汇总、展览、存档，同时在学校微信公众号、电视台、校大屏幕等学校媒体展示。

图3-3　校园风景

作者：南门小学森林城校区2018级13班倪梦辰　指导教师：孟娅

二、呦呦鹿鸣，友好迎宾

"呦呦鹿鸣"是南小森林城的最美打卡景点之一，也是孩子们最喜欢停留的游玩之地，是南小森林城校园名片上不可或缺的形象词条。驻足在此，时光似乎都慢下了脚步，欣赏蒲公英喷泉轻轻喷射出球状水花，看鱼池里一群群五彩的锦鲤在睡莲花叶下自由自在地嬉戏。目光拾级而上，才知这源源不断的活水来自上游的两架深褐色的木质水车。水车吱吱呀呀、慢悠悠地转动着，清澈透亮的水流缓缓落下，带着光泽。水道一侧是绿植和山石，两只小鹿雕塑，一只优雅地低头喝水，另一只正仰天高歌。

呦呦，指鹿的叫声。网络上有很多小视频记录下鹿在森林里欢鸣的声音，听一听真的很空灵美妙呢。这诗情画意的校园景观，让人不禁联想到《诗经·小雅·鹿鸣》，吟唱时一种持续的欢快愉悦的韵律之美立即涌上心头："呦呦鹿鸣，食野之苹。我有嘉宾，鼓瑟吹笙。吹笙鼓簧，承筐是将。人之好我，示我周行。呦呦鹿鸣，食野之蒿。我有嘉宾，德音孔昭。视民不恌，君子是则是效。我有旨酒，嘉宾式燕以敖。呦呦鹿鸣，食野之芩。我有嘉宾，鼓瑟鼓琴。鼓瑟鼓琴，和乐且湛。我有旨酒，以燕乐嘉宾之心。"

记得新生入学时，一年级的小萌新们游览校园，印象最深的校园景观就是"呦呦鹿鸣"。他们里三层外三层地围着，听着红领巾讲解团学长学姐们的介绍，兴致勃勃地不停张望着，眼神中充满了对校园生活的向往。

课间十分钟，这里总是吸引着低年级的小朋友，他们三三两两地结伴而来，指着小鹿、小鱼、水车，神气活现、振振有词地聊着天，只言片语中透露出不寻常的丰富想象力。有时候，个别孩子会突然登上池边的高台，用手接水车上飞溅的水花，或是帮忙捋直水管，研究怎么让水流更顺畅。保安师傅们远远地看着、护着，不时前来提醒孩子们注意安全。

　　为增添鱼池里的生趣，我特意将旅游时捡拾到的漂亮石头，放进池底，石块造型和厚度的不同，让水产生了折射，使水下世界层次更加丰富，小鱼儿的嬉戏空间变得更有趣。闲来探池，看着小鱼儿从最初细细的鱼苗发展到如今的一个大家族了。最大的那条金色锦鲤有近二十厘米长了，身后浩浩荡荡的鱼群簇拥着它，显得格外威武惬意。

风车喷泉池

呦呦鹿鸣

图3-4　校园一角

作者:南门小学森林城校区2019级16班梁梓萱　指导老师:谷婷婷(左图)

作者:南门小学森林城校区2018级15班张瀚　指导老师:孟娅(右图)

三、瞧这快乐一家子

　　南小森林城的整体植物绿化设计是以生态校园为理念，选择了高品质、高观赏性树种，采用多样化的布置手法，形成大气开阔、清新自然的校园环境。选择的植物以乡土品种为主，如:榔榆、银杏、榉树、香樟、紫薇、翠竹、白玉兰、桃树、李树、梨树、枇杷、杏树、酢浆草、栀子花、蔷薇、月季……同时，常绿植物结合落叶、开花植物，突出季节变化的延续性，色彩变化的统一性，兼顾多样性的需要，因地制宜，适地种植，使得校园季相明显，四季有景。

在功能分区、结构布局及植物群落组合等方面，利用间断或重复的方式，加强空间的韵律感，让校园环境充满森林生态的气息：主干道及外围空间种植高大乔木——如梧桐树形优美，季相明显，夏季叶如翡翠，秋季满树金黄，布置于主干道两侧，形成特色道路景观；大面积草地营造开阔宁静的绿色空间；局部植物组合创造色彩丰富的绿化景观；主入口区采用对称式植物配置强化入口空间，边侧种植桃、李营造氛围，主要植物有银杏树、榉树、桃树、红叶李等；教学区以乔木点景，地被铺色，打造清新简洁的庭院空间，植物配置力求与场地功能相呼应，主要有银杏、朴树、无患子、蜡梅、红枫、红花玉兰、麦冬、八仙花等，形成具有互动性和参与性的趣味景观，满足学生休憩、玩耍等需求；体育运动区的乔木多选择香樟、榉树、水杉、金叶女贞等隔音防尘防污染的树种，以防护和隔离声音为主，减少周边环境不利因素干扰。

为了增加"森林"生气，德育部门还设计了形形色色的树挂工艺——鸟窝、小松鼠、熊猫、树袋熊等树挂小玩偶。这些细小的布置，很快被孩子们发现，他们欣喜地奔走相告，课下搜寻森林小动物的行动就自发开始了。在他们的作文写话里也时不时出现"我和我的动物朋友"的话题呢。

南校区正大门入口的蒲公英广场十分开阔，东临体育馆，西靠尚美楼，正北方可望见森林文化长廊外的浮雕及自北向南的第一栋教学楼。广场北均匀间隔摆放着四盆铁树将军，把守校园大门。广场东西两侧对称种植了十棵高大威严的银杏树，和北校区秀美的银杏树品种略有区别。东侧有一棵枝干最为粗壮，树叶最为茂密，迎来了一对筑巢的喜鹊。它们每天早出晚归，忙忙碌碌的，不知从哪儿衔来了树枝啊，茅草啊，羽毛啊，泥土啊，在最高处的枝头上忙乎着。

为了让孩子们亲近自然，与小动物做朋友，学校特意在体育馆顶层屋檐下架设了高清摄像头，记录喜鹊生活的一些细节。融媒体中心的老师们和小记者们将拍摄的影像进行编辑加工再创作，在每周五下午的灵鹿电视台播放，分享给全校的孩子们。

镜头里，起初不起眼的横竖几根枝子，慢慢成窝型了，最后变成一个硕大的鸟巢。喜鹊爸爸妈妈搭窝的身影也随之变得越来越隐蔽，偶尔露出小脑袋、长尾巴，很好奇：窝的入口究竟在哪里啊，能让它们自如地钻进钻出。

不知道是不是喜鹊知道了我们在观察他们，打扰了它们的生活，还是又来了一对喜鹊爸爸妈妈——喜鹊通常是喜欢群居的哦，在西侧的两棵银杏树上，我们又发现了喜鹊搭窝的痕迹，一棵上面仅三两根树枝，另一棵上面很快有了雏形，但那窝一直没有封顶，呈现大半窝子的形状，在逐渐茂密的银杏叶中，还挺醒目。

偶然有一天站在尚美楼的走廊东头，向下观望学生放学路队的状态，突然发现了这个没有封顶的喜鹊窝上待着一只大喜鹊。赶紧拍下这一幕生动的画面，分享到教师群里。温暖的阳光下，随着这只大喜鹊不停地小心挪动脚步、调整身体方向和姿势的间隙中，我们看到了她身下一群昂着小脑袋、张着尖尖嘴巴、嗷嗷待哺的喜鹊宝宝，大概有四五只的样子，可爱极了。由此，我们判断喜鹊妈妈在窝里守护着宝宝们，用体温给他们取暖，等候喜鹊爸爸衔食回来。果然，喜鹊爸爸很快就飞到它们身边，挤挤挨挨地，看不清喂食的细节，也不明白它们在交流什么，反正喜鹊爸爸没待多久又迅速飞走了，大概是为了给母子们觅食，继续奔波吧。

站在楼上，看着树上喜鹊一家子在南小森林城安家落户，其乐融融，树下孩子们正排着队放学，红领巾值日中队的礼仪队员们在固定位置站岗执勤，校园里这一幕森林样态风景，特别温馨和谐，让人感觉一切那么安静美好，自然有序。

第二节　环境建设与育人功能浑然一体

见 微 知 著

建筑是凝固的音乐，音乐是流动的建筑。这句话也反映了艺术是有力量的，无论是有形还是无形，有声还是无声，无论何种色彩表现，都能一定程度上传播思想、传递情感，与我们对话。教育生态学恰好是从环境与人的相互关系的角度来认识学校建筑特点的。南小森林城环境生态中，道路、绿地、楼宇、雕塑、场馆、标识等建设中则处处凝聚着儿童本位的艺术设计思维，富有强大的育人功能，努力与师生成长共融。

位于秋葵街208号的北校区（如图3-5），占地面积43亩，总建筑面积2.37万平方米。校园楼宇的布点设计采取了动静结合的方式，就像音乐的起伏变化，由动到静、由静到动的流动可以使人产生感官上的愉悦或情感上的共鸣。如：校园中西部两大板块组合，外围由启智大道环绕四周，占整个校区三分之二的区域。西部板块相对而言为静态区域，由南向北依次为明德、思辨、博雅、致远四栋教学楼，但静中也有动——启智大道上的彩虹跑道，速滑队员经常在这里举办短道滑行比赛呢。中心板块为动静交融区域，每日晨操、升旗仪式、体育课、图书馆课、大型主题活动的时候，孩子们快乐的身影就会在这个动静交融的区域来回穿梭。这个区域的实验楼（又名创客中心）是校园标志性建筑楼宇，她以拥抱的姿态，向南俯瞰行知广场和学校正大门，向西环顾教学楼，向东凝望灵鹿体育馆，向东南方向遥望文澜阁图书馆。校园东部板块为动态区域，两个标准的篮球场，一个足球场，以及200米跑道运动场，为孩子们阳光体育锻炼提供了最佳场所。

图3-5　南小森林城校区(北区)布局图

位于迎松路169号的南校区（如图3-6），占地面积54亩，总建筑面积5.26万平方米，采用了和谐平衡、对称变化的美学原则，进行了楼宇布点设计。校园正大门里的"蒲公英"中庭广场上，一座汲取南小教育集团徽元素的风车主雕塑喷泉，生动地呈现了百廿南小的教育理念在各校区的生根发芽，传承发展。以广场为轴心，其东侧是以海豚游泳馆为主的综合体育馆——体育馆的东边和南边分别是300米跑道运动场和室外网球场、篮球场；其正南边是森林文化长廊——长廊后方由北向南依次排列三栋教学楼，楼宇之间的每一块空地均为学生主题活动区域；其西侧是尚美楼和博识楼——这两栋楼可谓功能丰富，集学术报告厅、文澜阁图书馆、生态科技馆、STEAM创客教室、VR体验室、陶艺坊、书画苑、戏剧社、融媒体中心等众多场馆。

走在校园的道路上，身心感到愉悦，看绿色掩映中道路指示牌上的诗词歌赋等注释，顿觉风雅习习，如："桑梓路"——桑梓代表故乡，寓意百善孝为先，教育学生应长存对父母长辈、对家乡的恭敬与感恩之心，取自《诗·小雅·小弁》中的"维桑与梓，必恭敬止"。"桃见路"——寓意为生命闪耀夺目，珍贵如桃花怒放千万朵，色彩鲜艳红似火，取自《国风·周南·桃夭》中"桃之夭夭，灼灼其华"。"甘棠路"——甘棠树干挺拔，叶小而茂盛，睹物思人，鼓励师生做品德高尚的君子，取自《诗经·召南·甘棠》中"蔽芾甘棠，勿翦勿伐，召伯所茇"。"萱草路"——萱草又名忘忧草，暗藏着祝福师生心情愉悦的寄语，《诗经·卫风·伯兮》"焉得萱草，言树之背"有借"萱草"除去烦恼的意念；古人也将萱草比喻为母亲，使得"萱草"之意更为深情，正如诗人孟郊在诗中借"萱草"表达了对母亲的思念，"萱草生堂阶，游子行天涯。慈母倚堂门，不见萱草花"。"木槿路"——木槿，寓示着坚持不懈的精神，激励学生如木槿一般顽强，花开如日，朝起暮落，生生不息，取自明代诗人刘基的《杂诗（三十三首）》"英英木槿花，振振蜉蝣羽。乘彼三秋露，及此六月雨"。"扶苏路"——扶苏，古人常形容树木枝叶茂盛为"扶苏"，是祝福全体学子勇敢面对困难，迎接挑战，保持积极向上的乐观态度，正如《诗经·郑风·山有扶苏》中的"山有扶苏，隰有荷华"，营造出一派生机盎然的动人景象。

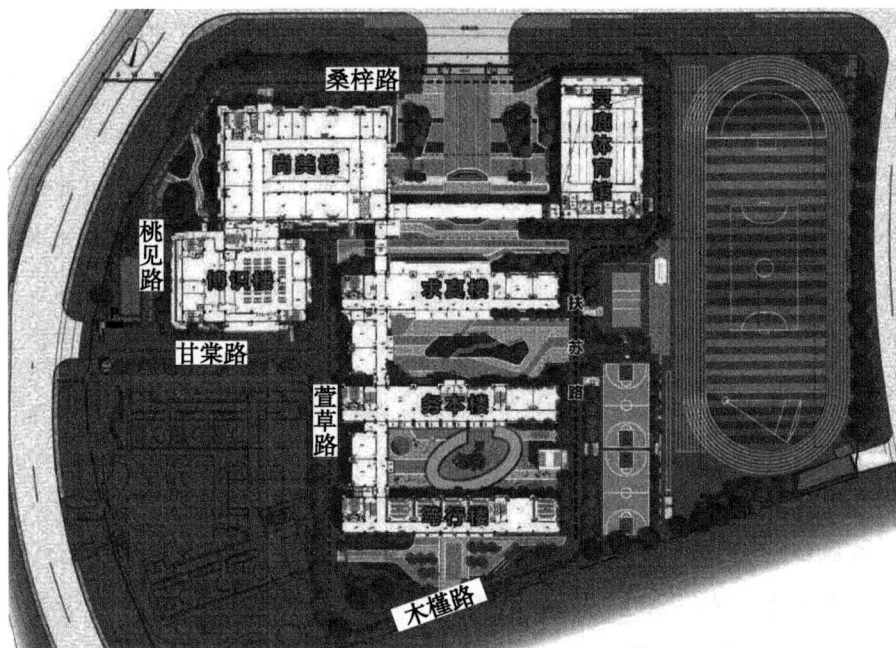

图3-6　南小森林城校区(南区)布局图

一、森林文化长廊

理想校园里处处都是图书馆，让学习时刻发生。南小森林城南区的蒲公英广场上，巨幅白色浮雕墙记录了校史沿革历程和办学精神。师生每每经过此地，都会自然接受母校精神文化的洗礼。浮雕墙后长长的廊道文化，定位为森林生态文化，一共分为六个篇章——森林的礼物、层林育芬芳、一叶知多少、清泉贯葱翠、长林生万物、齐心护家园，凸显环境生态的互动性，强调育人功能的实效性。

第一篇章是"森林的礼物"，以问号质疑作为导语，激发孩子们探寻森林礼物的好奇心："你有没有想过为什么森林里泥土不会流失？河水不会干涸？空气如此清新？森林是友善的，也是慷慨的，春夏秋冬都给世界不同的礼物，人类的发展离不开森林的馈赠。让我们一起寻找森林里的神秘'礼物'吧！"接着，呈现了不同种类的森林分布图及文字介绍，让孩子们从中国、亚洲、世界等不同视角观测森林覆盖率，并了解森林的功能：叶片上水分的蒸发会带走热量；风沙袭来，茂密林木枝干能迅速减小进入林内的风速，减小风沙的危害；雨水滴滴答答落到森林中，经过枯叶、土壤层和岩石缝隙，层层过滤变成地下水；树木蓬松分布的树叶中间有很大的间隙，这些间隙可以有效地吸收噪声。

此篇章最有心的设计是翻板互动区域，主题分别为"多才森林"和"你的名字"。孩子们通过看正面提示先思考，有了自我理解后，再翻板找对应提示和解答，互动性强。

"多才森林"区域展现森林的多样性，如：公益林与商品林的对比，理解如何更加有效地发挥森林生态功能，实现可持续发展，保护和改善人类生存环境、保持生态平衡；防护林包括水源涵养林、水土保持林、防风固沙林等；特种用途林包括国防林、实验林等；用材林是林业中用途最广的主要林种之一，种类多，数量大，分布广……

"你的名字"区域主要是让孩子们通过科学数据在森林的别称中懂

得森林的具体功能，如：地球之肺——森林中的大量绿色植物通过光合作用，转化太阳能形成各种各样的有机物，维系大气中二氧化碳和氧气的平衡；地球碳贮库——约77%的地上碳蓄积和约40%的地下碳蓄积发生在森林生态系统，森林可降低和调节大气二氧化碳浓度；物种宝库——森林是地球上最大的物种基因库，是陆地上最具生物多样性的生态系统，超过80%的动物、植物和昆虫物种以森林为家；天然蓄水池——森林凭借庞大的林冠、深厚的枯枝落叶层和发达的根系，能够有效地涵养水源和防治水土流失。这一点发现，恰好地解答了开篇导语的质疑，让孩子们寻找森林礼物的旅程首尾呼应。

第二篇章是"层林育芬芳"，导语运用借物喻理的方式，传导一种人与自然互相映射的哲学思想："森林在演变的过程中，逐渐形成统一的层级，多样的植株却无时无刻不向我们传达着特殊的谕示。无论何时，只要我们心中有一小片'森林'，就会有个不一样的自己！"

孩子们在森林植株海拔层级图的提示中，进一步思考："森林庇佑着生命。在森林的大舞台里，新芽与枯枝交替，渺小与巨大共生，呈现出一片生机和活力。森林究竟传递着怎样的精神和力量呢？"此篇章的滚筒互动轴，是设计亮点。孩子们在滚动圆柱筒前，浏览其上文字图片——植物相关知识、古诗词文化链接等，感受森林生态精神和力量。这种呈现信息与文化的方式让孩子们新奇，他们学起来很带劲儿。

第三篇章是"一叶知多少"，以灵鹿导航的方式，带领孩子们进入关于小小叶子的世界，有兴致地深入探究。导语是："郁郁葱葱的森林里，许多的树叶交错堆叠，大自然鬼斧神工般的技术令人称奇。小小的树叶，隐藏着哪些奇特之处？"此篇章的主题依次为"树叶身份证""叶子的智慧""叶子的一家"。孩子们最喜欢的是"叶子的智慧"主题内容，如分泌香味的叶子——猪笼草，有"情感"的叶子——含羞草，自然界的"纳米高手"——荷花，最长寿的叶子——百岁叶，会跳舞的叶子——跳舞草，会扎手的叶子——仙人掌，等等。当叶子的世界与孩子们的真实时空出现交集时，一种身处大自然中并与自然融为一体的美好感受油然而生。

第四篇章是"清泉贯葱翠"，重点阐述了水循环中水的百变姿态，以及相关自然灾害。

森林与水之间的关系，是此篇章最后的点睛之笔：山高水更高，只有山高林密，才有流水潺潺。森林具有涵养水源、净化水质功能，可以调节径流。人类要像珍惜水一样珍惜森林，努力使森林植被广布于江河中上游的千沟万壑，让森林更好地护卫江河的安宁。

第五篇章是"长林生万物"，以图文并茂的形式描绘了森林是一座有成千上万"居民"的城市，无数的生命在绿色的森林中繁衍生息，构成了丰富多样的森林生物圈。"物种繁衍"和"植物也会'跑'"两大主题，用猜谜游戏的方式，引导激趣，探究生物繁殖、植物种子传播的方式。同时，还列举了物种入侵的真实典型案例，让孩子们了解到自然传播和人为引进的外来物种可能成为真正的入侵者，改变或破坏当地的生态环境。因此，要学会与森林生物和谐相处，尊重自然、顺应自然、保护自然。"植物也会'跑'"这个区域也是孩子们驻足停留最多的地方。孩子们看到植物种子的传播方式，感受大自然的神奇的同时，脑海里会浮现出更多精彩的戏剧性画面：凤仙花的弹射传播，风滚草的风力传播，毛柿的自体传播，椰子的水流传播，浆果靠鸟类传播，苍耳靠哺乳动物毛发传播……

第六篇章是"齐心护家园"，引语的目的是促进孩子们对现实世界的观察与思考："森林是地球不可缺少的一部分，可是近些年来，越来越多的绿色消失在这片广袤的土地上……让我们沐浴阳光享受绿色的同时，共同种下希望的种子，呵护这一抹绿，让森林之绿成为我们最心仪的色彩。"此篇章罗列出来的森林消失原因，只是抛砖引玉，希望孩子们受到启发，学会从表面现状看到现象背后的本质。

总体说来，森林文化长廊的意义在于建立校园整体教育生态中的环境生态意识，加强师生与校园环境之间的"共生""共融""共进""共荣"关系。

图3-7　长廊绘梦

作者:南小森林城2019级12班马依晨　指导老师:徐慧敏

二、海豚游泳馆

海豚是一种非常聪明的动物,是海生哺乳动物鲸类中的一员。它纺锤形的身躯,从海里跃出再落下的跃动轨迹,会在空中划出一道优美的弧形,堪称海洋中最灵敏的动物之一。关于海豚家族的动人故事,让人不由自主地联想到勇敢与智慧、和谐与友善、忠诚与力量等品质。

伴随着迎松路169号新校区的建成,庐阳区首个中小学校内游泳馆——南小森林城"海豚游泳馆"建设项目也已竣工,在庐阳区委区政府和合肥市教育局等各级领导的关怀下,于2023年5月正式启用,全面打开庐阳区首例游泳校本课程进校园的新篇章。之所以将场馆命名为"海豚",答案不言而喻——希望孩子们像海豚一样掌握过硬的游泳本领,增强综合素质,学会安全自护。同时,还希望孩子们学习海豚不畏艰险的勇气、团结互助的精神、永不言弃的恒心。

南小森林城海豚游泳馆位于南区体育馆负1层,总面积1800平方米

（含设备用房、观众席等），建有20米×25米室内标准恒温泳池，设置8条泳道，配备24小时水循环处理系统、水温室温一键设置系统、全自动水质消毒系统、防溺水红外报警系统等多个控制系统。泳池四季恒温，水温可保持在26～30℃，同时配备水质清洁、消毒、过滤系统，确保水质常清、常新。馆内更衣室、淋浴室、医疗室等硬件配套设施一应俱全。国家级和省级教练持证上岗，训练时的专业救生员巡场和泳池防溺水红外报警系统有力地筑牢了校园防溺水教育安全屏障。

为了让教育保持良好生态，办好人民满意的教育，学校利用游泳进课堂的契机，面向全体学生开设游泳普及课的创新举措，全面推动学校体育课程发展，让学生认识生命、珍惜生命、敬畏生命、热爱生命，为校园生命教育活动打下坚实的基础。

三、生态科技馆

将生态科技馆建在校园里，看似是遥不可及的梦想。所以，当梦想成真的那一刻，南小森林城全体师生们除了惊喜还是惊喜。新校区环境建设中的璀璨之笔，除了海豚游泳馆，也少不了生态科技馆给孩子们带来的超现实想象空间与创新激情。

光是馆内展品就足以让人震撼：森林魔法墙、"我"的碳足迹、生态平衡互动设备、风车森林、环保小卫士互动设备、能源墙、未来约定互动设备、森林巨蛋、环保小能手互动设备……还有回字形走廊上的立柱也装有科技体验设备，便于学生随时体验：时光隧道、声悬浮、穿墙而过、风力发电、静电摆球、尖端放电、人体导电、三维错觉、视觉暂留、电影原理、机械传动之美、半导体制冷技术、磁悬浮车、激光通信、太阳能电池……

森林魔法墙设计的科学原理基于动植物是生态系统的重要组成部分，动植物不仅对人类的生存和发展起着重要作用，同时也造就了多姿多彩的大自然。然而，由于人类对野生动植物的过度狩猎和采伐，对其栖息地环境的污染和改变，生物的生存正面临着各种各样的威胁。本展品通过趣味互动游戏的方式，激发学生的想象力和创造力，呼吁学生积极参与保护生态的行动中去，保护野生动植物，维护自然生态平衡，培养对大自然的热爱。

"我"的碳足迹设计的科学原理源于环保政策理念。碳足迹标示一个人或者团队的"碳耗用量"，是一种新的用来测量某个公司、家庭或个人因每日消耗能源而产生的二氧化碳排放对环境影响的指标，要求我们借助低能量、低消耗、低开支的生活方式，把消耗的能量降到最低，从而减少二氧化碳的排放，保护地球环境，保证人类在地球上长期地生存和发展。展品旨在培养学生低碳生活的理念，倡导学生切实参与低碳行动中去。

……

当校园里的一切朝着孩子们喜欢和需要的样子去建设和发展的时候，你会发现学校存在的价值和意义。

第三节　校园媒体环境与办学主张同频共振

见微知著

"孩子如果已经长大，就得告别妈妈，四海为家。牛马有脚，鸟有翅膀，植物旅行又用什么办法？蒲公英妈妈准备了降落伞，把它送给自己的娃娃。只要有风轻轻吹过，孩子们就乘着风纷纷出发。苍耳妈妈有个好办法，她给孩子穿上带刺的铠甲。只要挂住动物的皮毛，孩子们就能去田野、山洼。石榴妈妈的胆子挺大，她不怕小鸟吃掉娃娃。孩子们在鸟肚子里睡上一觉，就会钻出来落户安家。豌豆妈妈更有办法，她让豆荚晒在太阳底下，啪的一声，豆荚炸开，孩子们就蹦着跳着离开妈妈。植物妈妈的办法很多很多，不信你就仔细观察。那里有许许多多的知识，粗心的小朋友却得不到它。"

这是小时候学过的课文《植物妈妈有办法》，一首朗朗上口的科普诗歌，运用拟人的手法，生动形象地讲述了蒲公英、苍耳、石榴、豌豆四位植物妈妈传播种子的方法，让人至今记忆犹新。植物传播种子的方式多种多样，借助不同的媒介：鸟类传播，如葡萄、柿子、樱桃等；自体传播，如喷瓜、凤仙花、豌豆、芝麻等；哺乳动物黏附传播，如苍耳、窃衣、鬼针草等；风力传播，如蒲公英、杨树、柳树、榆树和枫树等；掉落传播，如板栗等；水流传播，如椰子、睡莲等。

种子的传播需要媒介，那么，信息的传播呢？传播信息的媒介，叫做媒体，是指人借助用来传递信息与获取信息的工具、渠道、载体、中介物或技术手段，也指传送文字、声音等信息的工具和手段；也可以把媒体看作为实现信息从信息源传递到受信者（信息接收方）的一切技术手段。

校园媒体，除了教学媒体外，还包括传播媒体、视听媒体、印刷媒体，如校园广播电台、校园电视台、电子屏、宣传橱窗（栏）、展板、电子框架、报刊、宣传册（单）、网站、QQ、微信、公众号、抖音等。校园媒体在传达教育方针政策、规范办学、宣传办学理念与主张、树立校园精神文化、倡导正确价值观、打造教育品牌、增加学校知名度和声誉、夯实师德师风建设、展示学生综合素养成果、提供丰富学习资源、通告教育教学活动安排、加强师生家长沟通交流等方面起到重要的作用。

例如，校园广播之"校园口令"的指挥系统音乐（包含晨操音乐、课间音乐、放学音乐等），对于规范办学、合理安排教育教学活动等有重要作用。在音乐设计方面，南小森林城音乐组老师功不可没。他们基于森林样态理念而选用的音乐曲目，都富有特殊内涵。

由校园广播等各种媒介营造的一种社会情境，被称为媒体环境，是传者、受者及众多力量综合作用的结果。校园就是一个微型小社会，校园媒体环境就是指校园里各种媒体所共同创造的一种社会情境（有别于社会环境），它能直接对人的行为产生影响，对行为的作用会受人意识的干预，与个体直接发生心理联系。因而，校园媒体环境建设是校园环境生态建设中不可或缺的内容，与学校办学主张同频共振，营造一种校园里的正向社会情境，使得全校师生及家长逐步统一思想，明确方向，同心同向，步伐一致，携手并进。

一、灵鹿融媒体学生中心

"融媒体"，顾名思义，大体上就是融合多种媒体的优势，使原有功能价值、技术手段在整合后得到全面提升。融媒体是传媒转型的概念，是互联网时代的产物，是充分利用媒介载体，把广播、电视、报纸等既有共同点，又存在互补性的不同媒体，在人力、内容、宣传等方面进行全面整合，实现"资源通融、内容兼融、宣传互融、利益共融"的新型媒体，目前所谓"融媒体中心"还不算是一种固化的、成熟的媒介组织形态，而是不断探索、不断创新的媒体融合方式和运营模式。

南小森林城融媒体中心是校园多样媒体创新融合后的团队别称，在组织形态上并不成熟，仅仅是融合了校园灵鹿广播电台、灵鹿电视台、《森林报》校报、"呦呦鹿鸣"校园微信公众号、《南小记忆》年册、宣传橱窗展板等媒介，共同打造学校办学品牌、宣传教育主张、传递教育理念、关注教育生态。其中，灵鹿融媒体学生中心，主要包括灵鹿广播电台、灵鹿电视台两个部门，以共享、引导、健康、快乐为核心理念，通过线下广播电台、线上电视台相结合的方式，以服务教学和学生生活为主要目的，支持学生发掘自身潜能，引导学生健康、快乐成长。

森林城灵鹿广播电台的开办水到渠成，学校传统媒体运用已经很有经验，沿袭南小本部办学理念中突出学生主体性发展的主旨，南小森林城在智能化校园广播系统的提升背景下，于2021年4月正式成立灵鹿广播电台。开办初期，教师台长一名——大学校园里曾担任广播站站长的程钰老师，逐渐发展到节目指导教师多名，17名正式学生播音主持（不含试播体验学生人数），于每周三、周五下午学生进校园午练的时间段准时播出。节目时间不长，内容却很丰富，涉及时事新闻、天气预报、校园轶事、点歌送祝福等，并根据学生听众的反馈进行适当调整。

随着灵鹿广播电台的节目播出，全校学生群体中掀起了竞聘播音主持的热潮。一次在食堂就餐时，几个四年级学生簇拥到教师餐桌附近，询问灵鹿广播站的具体位置，播音主持的招募细节要求，如何顺利通过面试，等等。为保护孩子们的积极性，程钰老师和她的团队尽量抽出时间，耐心接待并辅导前来的每一个孩子。成功通过声音测试的孩子，就能进行节目采编和试播了。经验丰富的学生主持播音时，会安排"播音新兵"观摩学习。交接仪式很庄重，新兵会谦虚且认真地站在榜样的身后，等待传递话筒。孩子们很重视自己的播音体验，小脸儿憋得通红，拿着播音稿的手也微微颤抖，开音之前频繁咽着口水。当听到自己的声音通过话筒传播出去，尤其是听到操场上的声音回响时，他们的紧张、激动、振奋之情毫不掩饰，似乎已想象到自己班级教室里的同班同学和老师们正专注倾听广播节目的场景。可想而知，这一次的勇敢尝试对他们的成长意义重大。

灵鹿校园电视台成立于2022年6月，基于新校区智能化设备建设的优势，在"森林样态"理念下，由学生、教师、家长共同建立起的互动式数字化校园电视台。第一期节目《新校区的风采》一经播出，便引起了强烈反响。从无到有、从小到大、从大到强，灵鹿校园电视台一直坚持不断创新，服务师生。为更好地展示校园风采，2023年春学期起，灵鹿校园电视台进行全新改版，推出《灵鹿看视界》品牌栏目，这是小灵鹿们"睁眼看世界"的窗口，于每周五准时与大家见面。灵鹿校园电视台为孩子们提供了展示多样化自己的舞台，更是学校展示文化底蕴的重要阵地。作为培养学生潜能的特色平台，电视台的学生主播、文字记者、拍摄剪辑师、节目编导（助理）等工作人员的招新工作是一种持续性状态。目前学生台长 1 名，副台长 1 名，采编制作人员 8 名，主持人 14 名，至 2024 年 1 月已播出 36 期（每周五播出）。仅 2023—2024 学年度第一学期，电视台就播出了 14 期节目，点击播放量超 3 万人次。

灵鹿校园电视台的台标设计也组织了募集大赛，吴梦兰老师的设计作品脱颖而出（如图 3-8）。作品通过线与面的结合勾勒出阳光下奔跑的小灵鹿，象征着南小森林城的学子阳光向上的精神态度；采用黄金分割比例画出鹿角，映射出话筒形象，抽象表达灵鹿校园电视台的传播效果，充分展现灵鹿校园电视台小主持们的风采，象征着南小森林城枝繁叶茂的样态。

图 3-8　灵鹿校园电视台台标设计图

作者：南小森林城　吴梦兰老师

2023 年 12 月 22—25 日，中国教育技术协会校园影视专业委员会组织举办校园影视教育成果展示交流活动，这是校园影视专业领域的崇高荣誉。此次活动有来自北京、上海、广州等全国各地共计 700 多部作品参赛，竞争激烈。灵鹿校园电视台虽第一次参赛，但因其优秀的品质和扎实的内容，成为众多作品中的佼佼者，最终荣获"优质教育成果证书"和"银犊荣誉杯"，大大提振了电视台全体师生的信心。

二、森林城文创工作室

"文创"，字面上理解为文化领域中的创意、创新、创造，转化为结合艺术审美及实用性的具有市场价值的商品。"文创"不仅是一个以创造力为核心的综合性概念，也是一个产业，许多国家都在积极推动文创产业的发展，涵盖了设计、艺术、音乐、文学等多个领域，并与旅游业、教育业等多个行业交叉融合，能够促进文化的传承和发展。

森林城文创工作室，是南小森林城环境生态建设中的一种重要组织形式，第一个重要作品是校园吉祥物灵鹿公仔。当灵鹿形象设计基本定稿后，办公室吴静主任便带领美术组团队着手于吉祥物文创设计，进一步设计出具有更多森林文化内涵和故事情节的灵鹿形象实物作品，使得校园吉祥物更有灵性，深受南小森林城全体师生的喜爱。

随之诞生了一系列吉祥物文创作品，有灵鹿摆台公仔、钥匙扣、手机架、纸巾盒、笔筒、水杯等。其中，德育主任杨珊珊带团队设计的五育表彰小鹿公仔和钥匙扣，以及灵鹿兑换币等，在德智体美劳五育评价体系中，发挥了重要的作用。如：

"德育小鹿"身披红色表彰绶带，表情严肃庄重。它的形象宣传语是：生活中的我承担着许多重要的角色——在学校，助人为乐的我是老师的好帮手，是同学们口中的"热心侠"；在家，尊老爱幼的我是长辈们的"贴心小棉袄"，弟弟妹妹的"友爱小帮手"；在社区，我又化身"爱心红马甲"，成为光荣的红领巾监督员，给敬老院的爷爷奶奶们讲故事，乐于参加垃圾严格分类行动，弘扬中华传统美德……

"智育小鹿"头戴博士帽，身穿博士服，滔滔不绝地自信表达。它的形象宣传语是：书山有路勤为径，学海无涯苦作舟。勤学好问、积极进取的我，课堂上认真听讲，积极参与小组实践活动；下课后，及时巩固新知，认真完成作业；课余时光喜欢在图书馆里徜徉于知识的海洋，常常在学科节、素养大赛等活动中大放异彩。不断丰富内心世界，培养思考和分析问题的能力，心向未来，主动探究，让我的成长过程变得充实而有意义。

"体育小鹿"身穿红色背心短裤运动装，正飞跃向上，直击篮板扣球呢。它的形象宣传语是：热爱运动的我，跑步、跳远、轮滑、垒球、篮球等都是我的强项，多次代表学校参加比赛，获得荣誉。我在运动中寻找到乐趣，提升了自己，还收获了真挚的友谊。因为坚持体育运动，我愈发阳光自信，能理解、传承并弘扬积极向上、团结协作、顽强拼搏的体育精神和意志品质，让我在学习和生活中更加有信心地勇往直前。

"美育小鹿"一手拿着一支大画笔，另一只手端着调色盘，胸前套着防护围裙，正开心地进行艺术创作呢。它的形象宣传语是：多才多艺的我喜欢画画、唱歌、弹琴、跳舞……学校中有很多我的宝藏基地哦！我喜欢在彩虹画坊绘出一幅幅美丽的作品；喜欢在小孔雀舞蹈社跳出一支支动人的舞蹈；喜欢在灵鹿合唱团和小伙伴们唱出一首首动听的歌曲；你还可以在水晶钢琴旁听到我弹奏的优美旋律哦！我是班级的宣传委员，班级的板报设计、游园会的海报绘制都有我的参与。小伙伴们，和我一起寻找美、追求美、创造美吧！

"劳动小鹿"头戴草帽，身穿背带式工装裤，用力完成劳作。它的形象宣传语是：劳动最光荣哦！热爱劳动的我，在班级积极打扫卫生，认真值日，获得"劳动小能手"的称号；在家里，我为妈妈分担家务，妈妈夸我懂事孝顺；我知道保洁阿姨很辛苦，所以我主动维护环境卫生；作为一名红领巾监督员，我还帮助食堂阿姨收拾餐盘，提醒同学们光盘行动。劳动点亮我的生活技能，让我收获快乐与成长。小伙伴们，我想邀请你们和我一起通过勤劳的双手，共建美好家园！

与此同时，根据高低年段学生年龄特点，结合各班级个性化评价，森林城德育部门还创造性启用了灵鹿争章手册、"德智体美劳"五育灵鹿币五种花色校级通用币兑换这两种形式，以班主任、学习伙伴为评价主体，各课程老师、功能室负责人共同参与的评价，并且向全体学生明确班级评价方式与灵鹿币兑换标准。班级定期开展的主题活动，会让每个孩子都陆续领到一枚灵鹿币，从不同方向肯定自己；获得各级教育主管部门赛事奖项的同学，由课程老师统一至教务处领取相应的灵鹿币。五育评价灵鹿币是森林城评价系列文创作品中流通体量最大、循环最通畅的一种，对于学生积极样态的塑造有着深远影响。

第四节　校内与校外形成教育生态共同体

见 微 知 著

全国教育大会精神倡导"教育需要全社会的力量"，明确提出"办好教育事业，家庭、学校、政府、社会都有责任"的战略部署，这种大概念明确了教育需要一个健康良性的生态系统的正向循环。

南小森林城在万科森林地块整体规划时，已被纳入了一个集公园、学校、养老、商业、邻里中心、高层、洋房、别墅于一体的生态共同体。地产当初做房产开发的营销定位很高端，且有诱惑力：从综合住区的成长视角出发，突出"城市"属性，策划合肥首个对标纽约中央公园的故事线，主张打造都市综合住区，对项目多地块进行通盘考虑，从项目自身产品与配套出发，不断传递"城市、森林、超大规模"的核心价值，创造合肥人居价值的终极梦想。这一点，与教育生态圈的营造不谋而合。

此区域地块的森林氧吧城市公园为庐州公园（原名为合肥城市森林公园），是城市生态系统中不可或缺的一部分。其一期工程占地面积32万平方米（约480亩），其中的绿化面积达27万平方米（约409亩）。空气清新、环境宜人的森林样态区域，是人们回归自然、享受健康生活的理想保障。再加上地标山、滑板公园、儿童乐园、老年活动广场、篮球场、网球场、月牙剧场、景观平台栈道、健康步道、婚礼殿堂等配套服务设施，使得公园作为城市绿地的生态价值进一步提升。尤其值得一提的是其内含的滑板公园，是国内第一个景观与滑板场的结合，适合举办国内一线极限赛事，具有标志性道具"火山"，分成街式区域和碗池区域。街式区域占整体场地65%；碗池区域低难度和中等难度结合，两个标准碗池组成的结构能给运动者带来更多"冲浪"的感觉。

区域周边社区服务配套也一应俱全，集雁栖国际社居委、庐园长者照料中心、四里河高端社区医院、大杨派出所、国际金融街镇广场、万科文化广场等于一体，不仅能够为居民提供便利的生活条件，还能够提升居住环境的品质，增加社区的经济价值，并且对居民的健康、安全、社交和文化生活等方面都有积极的影响。

学区内的住宅区覆盖面积很广，庐阳区委区政府及教育主管部门在学区教育资源布点上高瞻远瞩，统筹规划，以宿州路幼儿园教育集团森林城分园、大西门幼儿园教育集团森林城分园、安庆路幼儿园教育集团城市之光分园及迎松路分园、南小教育集团森林城校区、45中教育集团森林城校区为区块教育共同体，提供无缝衔接的"幼小初"优质教育资源一体化配套建设，共同打造新的教育高地，从而吸引了众多省内外刚需购房家庭，学区内生源爆发性激增，进一步缩小了不同区域之间的教育差距，推动了优质教育资源的均衡分配，让更多孩子享有公平而优质的教育机会。

一、庐园长者照料中心成为森林城学子志愿服务基地

南小森林城北校区的操场北边，是庐园长者照料中心，秉承"为普通人提供有温度的专业化养老服务"的宗旨，引入成熟的社区嵌入式养老模式，同安徽省多家医院、知名大学、社居委广泛深入合作，旨在通过舒适便捷的居住环境、适老化的安全设计、丰富多彩的养老生活、医

养护结合的专业服务，让长者享受"一碗汤的距离"的养老服务。

2017年前后，学校优秀的资深班主任李兰芳老师在家长志愿者的协同下，带领班级学生在庐园长者照料中心开展了雏鹰假日小队活动。活动反响热烈，丰富了老人的生活，增进了代际沟通，传承了孝道文化，培养了学生社会责任感，提升了教育效果。一个班级的一次志愿服务活动，逐步发展为每周五下午的定期活动，渐渐地辐射到全校性的"森林城故事会""教师节与花相会""低碳环保公益"等少先队志愿服务系列活动，形成了独具森林城学生道德教育品牌的特色活动。

例如，"闪闪红星"庐园文艺汇演中，2020级1班的小队员们身着军装，头戴军帽，献上了舞蹈"闪闪的红星"。节目的年代感唤起了台下的爷爷奶奶们的共鸣，老人们情不自禁地跟着舞蹈的背景音乐一起合唱，将现场的气氛烘托到了新的高度。爷爷奶奶随即合唱了一首《团结就是力量》，虽已满头白发，但演唱时个个中气十足。庐园长者中心的王丽梅奶奶代表长者们鼓励孩子们健康成长，努力成为国家的栋梁之材，并为南小森林城送上了自己的书法作品"维宏隆德，情系教育"，八个大字深含着对南小教育人的表扬与期盼。

再如，八一建军节开展的"传承红色基因，争做时代少年"活动，伴随着激昂的《义勇军进行曲》和《中国人民解放军军歌》，老红军战士胸前佩戴着红色军徽，步履蹒跚地走上台，拿起话筒讲述起那段刻骨铭心的峥嵘岁月。虽然爷爷奶奶们已经满鬓白发，可是谈起当兵的日子，他们依然精神矍铄、慷慨激昂。说起在战场上牺牲的战友们时，他们的眼里噙满泪水。红色故事感动了在场的每一个人，小小的多功能厅里响起了一阵阵热烈而持久的掌声。小队员徐宸慧说道："请相信我们新时代的少先队员定会踏着你们的足迹，珍惜这得来不易的幸福，从身边的每一件小事做起，努力成为社会栋梁之材，准备为建设美好家园贡献自己的智慧和力量！"

为了不断创新升级志愿服务劳动实践模式，2019年12月20日，南小森林城和庐园长者照料中心整合双边资源，校企联合签署建立"志愿者服务基地"并授牌，最大限度发挥各自优势，形成"共担共育、过程共管、成果共享"的紧密型志愿合作模式，共同推动城市志愿文明发展。

二、开通学生专线大巴，解决家长燃眉之急

"合肥首家！南门小学森林城开通教育穿梭巴士，家长再也不用愁。"2022年9月开学初，一条新闻激起全市人民的热切关注，也获得了全网好评。

近年来，南小森林城因为招生人数激增，导致南小森林城原有校区太拥挤。为了给孩子们创造更好的教学环境，今年9月份，学校不得已开始采取分校区办学，一至三年级放在北校区，也就是目前的秋葵街校区；四至六年级放在了迎松路校区。两个校区的办学，人员得到了疏散，但同时也带来了新的问题，给家长们的接送带来了很大的不便。因为两个校区办学的问题，以前不用接送的学生现在就要接送了，接送人数和车辆相对往常增加一倍。今年开学仅仅一周，家长们电瓶车、老头乐和小汽车全出动，辖区交警全员上岗，但交通依然很堵，毕竟路就那么宽。很多孩子因此迟到，急得眼泪汪汪、直跺脚，家长们也是无可奈何。长此以往，这何时是个头？家长们不敢想！

"愿你下雨有伞，天黑有灯"，家长们的难事引起了各级领导和热心人士的关注。南门小学森林城校区、合肥交警庐阳大队、合肥公交集团第四巴士公司和万科物业的领导们，还有万科城市之光和万科森林公园的热心业主们都心想到了一起：开通教育穿梭巴士！"一切为了孩子"，说干就干，特事特办，看路线，统计人数，计算车辆，拿方案……短短三五天的时间，今天上午合肥第一家教育穿梭巴士开通。万科城市之光的业主们，为了教育穿梭巴士更好地开通运营，他们主动排班，一排就是半个月。每辆车安排两名安全督导员，一个负责引导孩子们上车，一个负责引导孩子们下车，另外到达学校后，引导孩子们过斑马线。以后

孩子们出小区门就可以坐车上学，再也不用家长接送了。这些志愿者中有的尽管孩子早已经小学毕业，有的孩子不在这里的学校读书，但是乐于奉献的热情高涨。"众人拾柴火焰高"，在多方力量推动下，南门小学森林城校区的教育穿梭巴士解决了数百个家庭的接送难问题，让孩子们安全上学，让家长们安心工作。

随着合肥城区范围的扩大，人口的增多，孩子们上学离家远、接送难的问题当然远远不止南门小学森林城校区一家，希望有此类问题，能够积极借鉴庐阳区的先进做法。"民有所呼，我有所应；民有所忧，我有所为"，以实实在在的举措解决孩子上学接送难的问题。我们最后也衷心祝愿越来越多的教育穿梭巴士穿梭在合肥的各个学校和小区，让笑容洋溢在每个孩子和家长的脸上。

此次跨领域合作创举，正体现了教育生态圈共育的美好样态，令人感慨万分。

教育关系到千家万户的切身利益，也关系到一个民族和国家的前途命运。培养德智体美劳全面发展的社会主义建设者和接班人，是一项需要由家庭、学校、政府、社会等共同参与的系统工程，只有家庭、学校、政府、社会各方面形成合力，构建家庭、学校、政府、社会为一体的教育格局，分工合作、密切配合、各尽其责，在不同层面寻找不同的教育侧重点，采用不同的教育方法，才能营造学生成长成才的健康环境，更好地实现我们立德树人这一根本任务。①

① 本报评论员.全社会共同担负起办好教育的责任：十论学习贯彻习近平总书记全国教育大会重要讲话精神[N].中国教育报,2018-09-22(01).

第四章 校园管理生态

旅途中，望窗外一闪而过的树木、村庄、田野、小溪，偶然间看到旷野上一棵孤零零的树，低矮多枝，不成气候。想象它独享阳光雨露，微风习习，好不潇洒；又担心它独自经历暴风骤雨，既无外力庇护，又毫无遮挡，好不悲凉。倘若生长在浩瀚森林中，那么，集体成长的环境或许会还它一个高大粗壮的梦吧。

"人法地，地法天，天法道，道法自然。"如同森林效应告诉我们：一个人的成长离不开集体，集体中人的交往、竞争、评价等对一个人的成长有着十分重要的作用。南小森林城是一个拥有三百多名教师、近六千名学生的集体。教师和学生成长在校园里，发展在团队中，其乐融融。

无论是个人生活，还是集体活动，都离不开管理。管理是一个协调个人和集体活动的过程，以确保实现既定目标。南小森林城这么大体量的学校，自然离不开管理生态的打造和运行。如何通过合理分配资源、制订计划、监控进度，以提高效率；如何通过设定目标、制定策略、评估成果，以确保个人和集体始终保持对目标的关注；如何通过收集信息、分析并识别问题及原因、制定解决方案，以帮助优化个人和集体决策，克服困难，实现目标；如何建立有效的沟通渠道和机制，以提高团队中人与人、人与组织、组织与组织之间的协作效果；如何通过培训、激励和支持，以激发个人及集体的多方面潜能，创新思维，在合作与竞争中，创造更高价值；等等。这些都是管理生态中的学问。

管理生态学是一门结合社会科学和自然科学原理的跨学科研究，旨在理解和分析管理系统中的内外部环境以及各种生态因子相互联系、相互制约的复杂性，通过有效的管理手段和策略管理，促进组织的健康可持续发展，维持系统在变化的环境中的平衡、稳定和持久的竞争力。学校的管理系统是指为达到办学目标而设计的一套完整的组织管理体系，是确保学校教育教学工作能够高效运转的关键组成部分。它包括具有特定管理职能的各种管理机构和管理制度确保组织活动有序进行的规章制度，以及提高整体工作效率的管理方法和技术工具等。基于教育生态学的基本原理和规律，利用森林效应来建构和谐且有竞争力的管理生态，就像森林中的每一棵树，有合作有竞争，最终实现共生共融共赢，长成参天大树。

在校园里，教师和学生的工作、学习状态必然受到校园环境和管理生态的共同影响。因此，教育生态学理论强调以学习者为中心的生态观来探究学习者的学习和发展。营造人性化的校园环境以及尊重与包容的管理方式，都以"服务"为根本落实推行，与森林法则中的"生态平衡"相呼应。

南门小学森林城校区是在百年南小的沃土下培育的一所新优质学校，正苗壮成长。学校通过学习本部经验，目前已形成并不断优化、创新了一套适应本校区校情的可复制、能辐射影响的管理系统，每一处管理细节都突出了"以人为本"的教育生态原则，顺应自然规律。森林效应应用在学校的两个关键：一要注意培养团队精神，二要引入竞争机制。一个优秀的学校管理者，都善于发挥年级组、教研组等团队的智慧，善于激发团队成员积极向上的竞争意识，让老师们都在一个蓬勃进取的氛围中成长。一个优秀的管理者，都十分注重班集体建设，注重培养每一位成员的集体荣誉感，让其在集体的规则、舆论和活动的影响下全面发展，在比学赶超的竞争中健康成长。

第一节 "和合之美"，打造共生的理想校园

见微知著

听过这样一个故事，当然，从感情上宁可相信它是真实的。说是在一片繁茂的森林里，有一棵年龄已经超过百年的大树，它的树干粗壮，枝叶茂密，为森林里的居民提供了宽敞的栖息地和丰富的食物。有一个啄木鸟家族，他们以大树为家，每天在树干上啄食虫子。勤劳的啄木鸟在大树的树皮上啄出一个个小洞，寻找隐藏在树皮下的虫子。大树虽然会被啄出一些小洞，却并不生气，反而很感激啄木鸟让它更加健康。然而，一场突如其来的森林大火，将大树烧得焦黑，失去了生机。啄木鸟们开始在大树的树干上啄出更多的小洞，可能希望通过这些小洞，帮助大树恢复生机。啄木鸟每天都在大树上忙碌，无论风吹雨打，它们都不曾停歇。

时间一天天过去，大树的情况竟然真的开始有了改善。那些被啄木鸟啄出的小洞，似乎真的帮助大树吸收了更多的雨水和阳光，大树的树皮开始变得有些湿润，渐渐地生出黄绿色嫩芽。不知过去多久，伴随着啄木鸟的不离不弃，大树终于重新恢复了生机，再次成了森林中的一棵茂盛的大树。从此，大树和啄木鸟形影不离——大树为啄木鸟提供食物和家，啄木鸟则帮助大树清除害虫，保持生机，就这样相互依存，共同走过一个又一个的春夏秋冬。

大树和小鸟的这段奇妙的友情与"共生之旅"恰恰寓示着：每一个生命都有其存在的价值，生命可以在彼此的帮助下，共同生存，共同繁荣。南小森林城"森林样态"办学理念下，就是坚持"万千生命皆可

贵"的主旨，积极贯彻南小"以人为本"的先进管理思想，坚持费广海校长所说"要努力创造适合儿童的教育"，师生携手并进，主动学习、全面发展、积极进取、勤于耕耘、勇于担当、快乐成长，共同创造"和合之美"的理想校园。

一、让校园成为老师心中的理想校园

向心力，是一个物理概念，是当物体沿着圆周或者曲线轨道运动时，所受到的指向圆心（曲率中心）的作用力。向心力在管理学中用来描述组织内部的凝聚力和成员对组织的忠诚度。

学校管理同样如此，也需要增强团队的向心力，确保全体师生能够紧密团结，共同推动学校发展，实现个人和集体共同成长。那么，向心力指向的圆心是什么呢？显然，是目标，是共同愿景。全体师生心目中的理想校园是什么样的呢？大家希望把南小森林城办成一所怎样的学校呢？明确了共同愿景，全体师生就能心往一处想，力往一处使，越干越带劲儿。

在南小森林城，老师们的理想校园又是什么样呢？校园的样子绝不是校长一人的智慧所能描绘的，也不是管理层几人的经验所能构想的，它应该是每一位老师心中的愿景。2019年春节，老师们领到了一项假期特殊任务："说说心目中的理想校园。"

新学期来到，老师们提交了自己心中的"理想校园"，有三五句话的校园环境布置，有简明扼要的校园文化启迪，也有意蕴深远的校园办学思想，内容广泛，道出了每一位教师的心声。令人欣喜的是：学校的办学理念与老师们心中的理想校园不谋而合。

荣星星老师笔下的理想校园是这样的："校园之于学生，如沃土之于山林，她包容学生所有的懵懂与浅薄，她洗涤学生所有的恶劣与激进，她发扬学生所有的美好与良善，她承载学生所有的起落与荣辱。早晨，朝阳洒下金辉，少年们迈着轻快而有序的步子，踏入整洁又温馨的教室，开始忙碌而充实的学习；中午，老师们围聚在一起，分享与孩子们的趣事，为小张同学的进步惊叹不已，对小李同学的囧态忍俊不禁，他们或沉淀多年风雪，或初折枝头梅花，他们文能提笔育众生，武能顷刻止沸腾，他们虽才华横溢，各有千秋，但有一点共同点，即把教育作为自己的终身事业；晚上，校长室内依然闪烁着微弱的灯火，一天的教育工作已经止步，但追求教育理想的步伐从未停歇。当夜色吞没最后一盏灯火，是谁披星戴月匆匆而归；当黎明送来第一缕晨光，是谁晨曦朝露疾疾而去。正是鹤发银丝映日月，丹心热血沃新苗。理想中的校园，她不一定宽阔，也不一定华丽，但一定有风清气正内化于心的学风校训，朝气蓬勃一心向学的学生，学而不厌诲人不倦的教师，胸怀众生挥斥方遒的领袖，因为他们是名山的仙，是灵水的龙，斯是陋室，吾德馨，足矣。"荣星星老师的字里行间充满着对美好教育生态的向往，也是对"乐学，笃行，博识，开拓"学风的理解和诠释。

从大学校园走入工作岗位，张慧老师感觉她既幸运又幸福："清晨，飘入我耳畔的是琅琅读书声和课间孩子们银铃般的笑声。没错，这就是最幸福的时刻。因为这就是希望和未来。国歌声响起的时候，孩子们原地伫立，小手举得直直的，这是对国旗、对祖国最深的敬意。我不得不慨叹养成教育的重要意义。校园里到处是书，孩子们走到哪里，都可随手拿起一本自己喜爱的书埋头'啃'起来。每一块图书天地都有一个小小管理员，保证我们图书天地的整齐干净。我理想中的校园，可以有一面墙，专供孩子们涂鸦、写字，充分发挥孩子们的创造力和想象力。我理想中的校园可以有一个特别的'小卖部'。学校大队部给每个老师都准备表扬的卡片，实行奖品兑换制。不同数量的卡片可以兑换不同规格的小商品，实行奖励制度激发孩子们的表现欲。我理想中的校园，上课铃声是悠扬的，下课铃声是简短欢快的。预备铃声后是两分钟的诗歌朗诵，每周一首，营造诗意校园。诗歌朗诵是在悠扬的背景音乐中的，潜移默化中为他们的心种上了一颗诗歌的种子。"此时，再次读到张慧老师对理想校园的描绘时，不禁感到特别欣慰，森林城的文澜阁图书馆、走廊书角、灵鹿成长币兑换、有设计的铃声等，都在一一呈现张慧老师心目中理想校园的样子，也正是学校长期秉承"让每一个孩子主动全面发展，健康快乐成长"办学理念的真实写照。

储凤英老师在文字中感慨："学校如家，希望我们每个老师都能够在美丽的南小森林城找到自己的职业归属，希望学校的领导能够如恩师般给我们指点迷津，希望共事的同事能如兄弟姐妹般互助友爱……我想到退休的那天，我们对美丽的校园是那样依依不舍，对曾经的领导像对恩师般感恩于心，对共事的同事心怀感激，还能经常结伴游玩，还有可爱的孩子能经常记起我们对他们的教诲……我想这就够了。"凌亚茹老师畅想："在这里每个孩子都可以得到天性的释放，在这里每个老师都可以找到家的感觉，我们不仅仅是工作伙伴，还是相互扶持的战友。在这里，老师和家长也是亲密的战友，没有私欲、没有诋毁、没有猜忌……我们为了孩子相互帮助，相互信任，我们愿意为了班级的孩子一起奉献力量。在这里老师把别人的孩子当成自己的孩子，用心和爱抚育每一棵幼苗。做一个无愧于心、无愧于家长、无愧于孩子的最普通的人民教师。"两位老师特别朴实的语言，却表达了最纯真善良、最简单朴素的教师职业追求。

陆凤鸣老师诗一般的语言遐想了南小森林城的模样："我理想中的校园是一片森林，南小森林城当是森林的模样。环绕校园的是各种各样的树木，春天能看到一树一树的花开，夏天能看到一树一树的浓荫，秋天树上挂满果子，冬天校园蜡梅绽放。孩子们在每一个季节都真切地感受到大自然的变化。校园里的林间模拟自然的真实，布置各种小动物造型并配以说明，小朋友与这些小动物一起生活，感受人与自然相处的和谐静谧。"

……

"所谓大学者，非谓有大楼之谓也，有大师之谓也。"这么多优秀的好教师是学校最宝贵的财富。在学校的发展中，教师的发展起关键作用。从青翠挺拔的百年校树"榔榆"到领路前行的校园吉祥物"灵鹿"，从书香温暖的"图书角"到瓜果飘香的"童耕园"，校园中的处处都激发了老师们的主人翁意识，集众师之智慧，老师为学校的发展提供源源不断的清泉，学校逐渐成为老师心中理想的校园，学校真正属于每一位心有建树的老师，从而进一步促进和谐校园的可持续发展。

二、让校园成为孩子心中的理想学园

教育是为了孩子，学校管理系统中应该有孩子们的身影。在充满活力和希望的世界里，每一个孩子都与众不同，他们有着无尽的潜力和无限的可能。在他们成长的道路上，校园是每一个孩子展现自我、发光发亮的重要舞台，在这里，他们不仅是学生，更是校园的小主人。校园小主人的体现，首先就体现在他们喜欢校园，热爱学校，愿意参与到学校建设与管理中来。

对于这一点，班主任李玲老师特别有感触："在一节道德与法治课上，《让我们的学校更美好》一课的活动建议吸引了我们班的陈同学。在他看来，充满童趣的滑滑梯是快乐自由的象征。如果校园里能有一座让同学们自由滑翔的滑梯，那一定是一件幸福美妙的事情。课后，陈同学就将自己的想法写在纸上，同时画出滑梯的设计图，一并交给了我。我被孩子满眼期待的澄澈目光所感动，便将孩子纯真的梦想分享至朋友圈，正好被何校长关注到。当时，学校正在规划建设南小森林城新校区。一天，何校长找到我，说道：'我在三年级几个班上到这一课时，真的有不少孩子都提议建滑滑梯呢。区教体局和区重点局现在正在论证滑梯方案，孩子的梦想可能真的要实现了！'我赶紧在班里和同学们分享了这个令人欣喜的消息，孩子们高兴得手舞足蹈。当我告诉孩子们何校长看到的第一个滑滑梯建议是我们班陈同学提出的时候，大家立刻跑到他跟前鼓掌。陈同学害羞得脸一红，但掩饰不住内心的喜悦。就这样，他成了学校'勇者滑梯'的'代言人'，他的建议书、滑梯设计图和自己的照片都被印在了滑梯入口处，每次班级有滑滑梯活动，孩子们都会让陈同学先滑，'奖励'这个敢为梦想发声、乐于参与学校建设的孩子！"

的确，南校区"尚美楼"大厅架设了两层楼高的灵鹿滑滑梯，是孩子们做学校小小管理者、当家做主人的最佳体现。其他成为自主教育办学标志，影响到更多的学生主动参与到学校的各项活动中。无论是校园景观建设，还是校园文化节、运动会，他们都积极参与，用自己的行动为学校增添活力和色彩，真正成为校园的小主人。

2018级16班孙同学自发组织的"女生行动"，让老师们震撼且感动。小姑娘在活动采访中说道："当初放置这个盒子的初衷是帮助女生，因为前段时间网上有一阵'拒绝例假羞耻'的热潮，刚好我刷到了一个在学校女卫生间放置卫生小自助盒的视频，再加上我也亲眼看过很多女同学有例假来临的焦虑，便抱着试试看的想法也做了一个。一开始我十分忐忑，怕被人嘲笑，直到盒子里的卫生用品越来越多，李老师笑着夸奖了我，我这才意识到这是一个十分正确的做法。正好学校在报告厅安排了毕业班女生讲座，我就说出了想要在学校女厕放置卫生自助盒的意见，并且告诉何校长，校长信箱里的那封信就是我写的。让我十分出乎意料的是，何校长也对此表示赞同，这令我大受鼓舞，又在二楼放了一个。在我准备去三楼放的时候，却发现三楼已经有过一个了，这对我来说无疑是很大的惊喜，因为这说明有人加入了我们的队伍。虽然我不知道她是谁，但我依然能感受到女生力量的汇聚。我很高兴自己在一个开明的学校，这次的经历让我在成长的路上更加勇敢！"

这是出自一个孩子的真实评价——"一个开明的学校"，真令人欣慰。孩子们的言行举止正是学校坚持全面实施素质教育，坚持"自主教育"的办学思想，以培养学生自我发展能力和自主学习能力为目标，促进学生全面、主动、和谐地发展的完美体现。作为学校的一分子，每一个孩子都知道自己的行为会影响到学校的形象和声誉，每一个孩子都知道自己的一个善举会帮助到自己的伙伴。因此，他们会自觉遵守学校的规章制度，尊重师长，团结同学，积极帮助他人。他们会主动承担起保护学校环境的责任，不乱丢垃圾，不破坏公物，让校园更加美好。自主管理生态中，他们成了校园里真正的小主人。

三、理解共情，让被管理者不再战战兢兢

学校管理生态中，教师和学生之间，中层干部以上管理者和普通员工之间，都存在着管理和被管理的关系，这种组织关系的融洽度将直接影响整个系统的长效发展。但通常由于角色的差异（管理者负责制定计划、决策、监督和考核，被管理者则负责执行计划、落实任务），权力和资源分配的不均衡，沟通交流障碍，目标利益冲突，等等，容易造成管理者和被管理者之间的矛盾。因此，需要通过有效的沟通、公平的权力分配、明确的目标设定和相互尊重等方式，来建立一种彼此尊重、相互依赖、相互支持的组织关系，让被管理者感到被理解、被尊重，而不是小心翼翼、战战兢兢、处处防备。

我偶然看到原总务副主任陈立群老师的午餐值班日志，像一篇教育叙事，读了很感动。不经意的小事儿，陈老师都看在眼里，记录得那么细致，看来时时须"身先示范"哦。

"10月初的一天中午，阳光明媚，草在结它的种子，风在摇它的叶子。对于刚入学的一年级小朋友们，整齐的队伍掺杂着些许叽叽喳喳，他们正准备去食堂就餐，值班的我微笑着看着他们，一切都是那么美好。

"就餐结束，孩子们像往常一样在小花园里做做游戏、寻寻蚂蚁、挖挖宝藏、碰触碰触阳光，这是一天中很重要的时光。此时，不知谁喊了一声：'呀，什么怪味！'我循声望去，一个小不点蹲在草地上，脸憋得通红，边上围观了一群孩子，指指点点。'不好，这孩子怎么在这里随地大小便呢？'我正要上前去教育，只见何校长健步走过去，轻轻蹲下身子，微笑着摸着小不点的头：'嗯，拉肚子了吗？是受凉了吧，不

急，不急，慢一点……''校长妈妈，他不讲究卫生！''太难闻了，校长妈妈你离他远一点！''都上学了，还随地大小便，羞！羞！'孩子们七嘴八舌地议论着，小不点的脸就更红了，眼睛里慢慢浸出泪花。'嘘，孩子们，你拉过肚子吗？''拉过！'一个看起来很调皮的男生大声说。'是不是很难受？肚子是不是有点疼？'何校长柔声细语地说，'同学拉肚子已经很难受了，我们此时应该怎么做？'边上围观的孩子、嘲笑的孩子，开始静下来，从裤兜里找寻餐巾纸。'给，我这里有餐巾纸！''来，小弟弟，我这里还有湿纸巾！''小弟弟，你告诉我你妈妈的电话，我打电话让她送衣服来……'小不点的脸色慢慢柔和起来，紧紧攥着的小手也松开了，浸满泪水的眼睛有光彩在跳动。'来，宝贝，让我帮帮你！'何校长拉着小不点的手，我赶忙走上前一起帮忙，轻柔地帮孩子擦屁股，穿好衣服。'孩子们，咱们这个小花园啊，栽种了许多绿植，我们一起多挖点土来，把粑粑埋在最下面，变成肥料好不好？'何校长继续说。孩子们雀跃起来，每个人都开始忙碌，每个人的小脸庞都闪着光！校长柔软的话语为孩子的人生点燃了一束光，这束'和谐'的光温暖了整个校园！"

管理制度是冰冷的，但管理策略和方法可以变得温暖且柔软。

2017年9月，学校特意在原有的QQ教师群的基础上，建立了一个全体教师微信群，并明确QQ群作为"工作要事通知"群，微信群作为"宣传点赞"群。自此，群功能开始发挥巨大的作用，尤其是微信群，老师们随时抓拍并上传发生在校园里的最美教育瞬间，时时播报来自学校荣誉、教师业绩、学生成长等，分享快乐，传递温暖，传播正能量。例如：当学校参加央视少儿频道"英雄出少年"栏目组专题拍摄节目播放时，当学校灵鹿电视台"灵鹿看视界"节目作品获得全国校园影视教育成果银镜奖时，当文澜阁获得安徽省最美校园书屋时，当老师们晒出校园体育赛事及灵鹿合唱团、管弦乐队、舞蹈社团在省市电视台演出的精彩照片和视频时，当教坛新星教学能手比赛、语文素养大赛师生获奖等重要的时刻，群里的老师们都会迅速竖起大拇指点赞喝彩，满屏皆是鲜花和掌声……

当受到来自家长、上级部门、社会群体的言语类好评与嘉奖时，我们也会及时通过微信点赞群分享给老师们。如："家长会后，一位妈妈远远地望着我微笑，我走上前问她：'怎么样，有收获吗？'这位妈妈眼含泪水，使劲地笑着点头，说：'校长，南小的老师真的太好了，我的孩子其实问题很多，却被老师一直捧在手心，充满期待……我不能放弃……我能抱抱您吗？'后来从班主任那里得知这位单亲妈妈的经历，从内心为她加油，更要为我们的老师点赞！""保安禹师傅真是我们南小森林城的小太阳呢，每天值班都会跟孩子们热情地打招呼：'加油，孩子！''今天辛苦了！'陆续进校的孩子们纷纷和他击掌，碰碰胳膊肘，开心而礼貌地回应，很温暖的画面。禹师傅是我们的榜样，是南小森林城的一张名片！""郑局在会上再次表扬我们南小森林城的日常教育教学管理了！他不打招呼走进南区，观看了学生进校秩序和升旗仪式，夸赞了学生风貌和教师精神状态。他还在'责任群'里发表了感慨：'菁菁校园，感受到拔节的声音。'老师们，辛苦了！"

后来，看到很多班主任老师也学着在班级 QQ 群的基础上，建立了微信"夸夸群"，他们一定是感受到了这种管理生态的优势，希望创建家校沟通的和谐基础。

QQ 工作群说是主推工作要事通知，但也有其他功能。老师们在群里的昵称包含学科、班级和联系电话，方便伙伴们识别、联系、沟通交流。遇到个性问题，还可以在群里直接找到相关老师，一对一地留言。尤其是管理者，有些话不便在大群里说的，就单独联系老师小窗交流。老师们若有想法了，也可以单独联系管理者表达不同的意见和建议。"QQ 小窗"成了化解矛盾、深入交流、畅通协作的工具，一些生动的表情符号也让原本生硬的文字变得有趣、有活力、有画面感。

不拘泥于一项管理制度的刚性要求，也不局限于每一位教育者和受教育者的角色差异，让老师成为温暖校园的家人，让孩子成为和谐校园的小主人，用自己的智慧，为学校的发展贡献自己的一份力量，让校园成为他们理想中的模样。让花成花，让树成树，让他们在自己的理想校园里自由快乐地茁壮成长。

第二节 "光合作用"，让办学章程有温度

见 微 知 著

小时候，在乡间的小路上总能看到一朵朵形似喇叭状的花，我们管它叫喇叭花，学名牵牛花，留心观察的话，会发现喇叭花一天当中的颜色和形状是有变化的，这是为什么呢？长大后，带着好奇心，查阅了一些资料，得知牵牛花变色，是跟花瓣中所含的花青素有关，它会根据细胞液酸碱度的变化而改变花朵的颜色。细胞液的酸碱度为什么会变化呢？这跟植物的光合作用有关。一天当中的光照强度是在变化的，光合作用速率也会随着变化。早晨，光合作用弱，呼吸作用产生的二氧化碳积累在细胞内，细胞液的酸性大，花瓣就在酸性条件下呈现红色；中午，光合作用强，二氧化碳消耗变大，细胞液的酸性变小，慢慢接近中性，这时花瓣就会变成紫色。

光合作用的过程可分为光反应和暗反应两个主要阶段，不仅为植物自身提供所需的能量和碳源，还为其他生物提供了食物链基础，并通过释放氧气维持大气中的氧气含量，有助于调节大气的碳–氧平衡，是维持地球生态平衡的基础之一。学校管理生态中，对于办学章程的清晰解读、有效落地、进一步优化，其实也可以通过"光合作用"来实现。

办学章程是为了保证学校教育教学活动的正常运行，就学校办学宗旨、内部管理体制、人事制度、教学计划、校园文化、财务管理等重大的、基本的问题而形成的自律性文件，是学校内部管理的重要依据，对

第四章 校园管理生态

于学校的发展和教育教学质量的提高具有重要意义。通常包括：学校的基本情况，如学校名称、地址、办学性质等；办学宗旨、目标、任务和特色；管理体制和组织架构；师资队伍、学生管理和教学质量保障机制；学科专业设置和课程体系；招生政策和招生计划；财务制度和资产管理制度；校园文化建设和校园安全管理制度；对外交流与合作机制；其他需要规定的事项；等等。

南小森林城办学章程在本部基础上进一步落实"以人为本"的管理思想，在规定学校的各项管理制度和运行机制时，要求管理者以温和的态度对待每一位教师和学生，尊重个体差异，为老师和学生提供有温度的优质服务，为营造和谐的校园提供保障。每一位教师能感受到办学章程中的南小温度，可能"光合作用"就已经发生了。

一、"森林北斗"，教育萌新的"指南针"

南小森林城北区很大，而且布局有独特的细节，尤其是四栋教学楼之间的衔接过渡，不是回字形层层相通，而是采取了S形螺旋向上穿梭长廊，要么东连西不连，要么西连东不连——本以为前方有路，却被外墙挡住；正踌躇摸索，柳暗花明之处，又发现新的通道。初来乍到者，一定会迷路哦。记得2017年8月初，硬是通过"看图纸、转校园、手绘简易布局图、手持地图边转边标注、脑海里云游回顾"这样的几个循环过程，才基本熟悉了校园。但即便如此，面对每一年升级调整的班级教室、办公室，若是突然问起某个具体位置，还是会蒙圈哦。

对于刚刚步入工作岗位的新教师，熟悉校园就是一个大挑战。想快速找到自己的办公室和任教的班级教室，实在不容易。步行入校的，骑车、开车进校的，都有不同进校入口、不同路线。再加上面对新的工作环境、全新的人事关系，尤其面对一些具体入职问题时，会感到无所适从。同时，这些年轻教师们很快就要进入课堂，接手班级，新生及家长培训当日得独当一面，精彩亮相，紧接着学籍录入、新教材培训、各项常规事务接踵而来，太多事情需要他们整理、消化。每每看到他们在忙碌中紧皱眉头、紧咬嘴唇、大汗淋漓却饱含真诚、谦逊的样子时，都很心疼。

如何帮助这些新老师快速适应新环境、站稳岗，感受教育岗位的快乐，成为学校管理部门的头等大事。学校办公室在广大青年教师中进行调研，汇集了老师们工作和生活中遇到的一些问题。针对这些问题，学校各职能部门进行分类整理、清晰讲解、合理解释。几经打磨之后，南小森林城的《"森林北斗"新教师入职指南》（后面简称《森林北斗》）终于诞生了。

《森林北斗》的第一部分是学校的基本信息，主要聚焦"服务教师"，包括校名、校址、办学宗旨、育人理念、管理架构、职能分工、部门联系人、级部负责人、学校重要联系电话、微信公众号、学校网站、教师QQ群号（微信群号）、学校场域布局图等，并配上"办事小贴士"；可当面、电话或者QQ预约咨询或办事的时间（紧急情况可以说明情况，特事特办）；对于负责部门或者负责人未尽职协助的，可直接向分管校长反映。

《森林北斗》的第二部分是相关事务办理指南，内容涵盖新入职教师必定遇到的种种问题。站在新教师的读者角度，采取一问一答的方式，具体指导。

"我需要盖学校公章，怎么办？"问题后面备注职能部门为"办公室"，并附指南："事务性用章先到办公室，当场联系校长同意后登记、盖章。收入证明用章到会计室，由会计核定工资情况后，找办公室盖章。"

"教师办公室或者班级电扇、门锁、窗帘等坏了，怎么办？"问题后面备注职能部门为"总务处"，并附指南："由年级部汇总统一报送总务处解决。"

"我买了新车，需要申请车位怎么办？"问题后面备注职能部门为

"工会"，并附指南："将车牌号报给工会，工会向学校申请为老师制作通行证即可。"

"班级有个孩子家庭贫困想得到国家的资助，怎么办？"问题后面备注职能部门为"教务处"，并附指南："班主任老师核实家庭实际情况后，联系学生信息管理老师填写相关申请表格交上级部门审核后，按规定要求发放。"

"班级孩子在学校里意外受伤，需要报销相关费用，怎么办？"问题后面备注职能部门为"总务处"，并附指南："根据校方责任险要求准备理赔材料报送总务处老师，由总务处和保险公司对接理赔事宜。"

"想购买一些课堂上所需要的教具和教学参考书等，怎么办？"问题后面备注职能部门为"教务处"，并附指南："学期初，报教研组长，由教研组长报给学校教务部门，统一登记购买。"

"有事请假或承担学校活动任务不能上课，我的课怎么办？"问题后面备注职能部门为"教务处"，并附指南："请老师们自行提前调课并报备教务处，妥善安排班级工作，决不能出现空堂现象，遇特殊不可抗拒突发情况，由学校教务部门进行协调。"

……

新入职教师人手一册这样的入职指南，就像身处大森林中，正茫然惊慌之中，抬头望星空，一眼望见了北斗星一样，心中不再迷茫、紧张，有了北斗指南、领航，会沉着些，笃定些，自信些。

二、入职秘籍，三尺讲台的助力"宝典"

"师也者，教之以事而喻诸德者也。"对于一名刚入职的新教师，学校在努力让他们了解新的工作环境的同时，更加注重工作中的实际问题：如何与学生建立良好的关系，以便更好地进行教学；如何选择合适的教学方法来提高学生的学习效果；怎样与家长建立良好的沟通，以便更好地支持学生的学习；个人的职业规划和工作压力；等等。为了帮助老师们更快地适应自己的工作岗位，在南小教育集团的引领下，由南小森林城和本部一起完成的《新入职教师秘籍》孕育而生。

开篇便是校长寄语，毕竟新教师来到学校，心里或多或少地会猜测"在新学校会遇见什么样的校长"，担心校长过于严肃、严苛、不近人情的，大有人在。那么，以费校长的口吻撰写的校长寄语，会给老师们带去春天般的温暖。

"亲爱的老师，欢迎你，并衷心地祝贺你！你的优秀，让你成了我们中的一员。合肥市南门小学坐落在美丽的包河湖畔，始建于1897年，距今已有一百多年的历史。在教育迈入新时代进程中，她已蓬勃发展为一个现代化的教育集团。我们自信阳光，努力向上，我们勇于开拓，坚定有担当！

"学高为师，身正为范。'其身正'，则'不令而行'，你一定能得到孩子们的喜爱和家长们的尊敬。无数爱岗敬业、无私奉献的南小前辈，都是你'每日三省吾身'的榜样。教师不仅仅是职业，更给予我们培养未来人的责任和使命。爱就是教育，没有爱便没有教育。'为了每一位孩子自主、健康、快乐、和谐发展'，请时时牢记：'成人比成才重要，会学比学会重要，进步比领先重要。'教师的工作是激发儿童对人生无限的好奇心。尊重他们，善于挖掘他们的潜能，你会发现并创造奇迹。我们的价值是对未来负责，我们要做的是不辜负未来的教育。

"在任何时候，遇到困难都不要害怕，请相信南小大家庭的温暖会为你排忧解难，南小团队的智慧与合作会助你一臂之力。加油吧，南小精英！我们一路同行！"

在素未谋面时，阅读此寄语，你是不是也会心潮澎湃，感到扑面而来的以校为荣的自豪感和浓浓的暖意呢。

在这份"秘籍"中，除了教学教研制度公告，还有班主任工作入门指南，以及各学科课程性质特征和基础教法。

"班主任，是一个班级的管理者和一切活动的组织者。这个带头人可不好当，需要具备的核心素养可以用四个字概括：德才兼备。德的内涵包括个人品质、伦理道德、政治素养；才，指才智、才干、才华等。在班级里，班主任既需要通过言教和身教，身先垂范地做好榜样，融入集体，带动集体，又需要审时度势、刚柔并济，宽容而不放纵地管理事务。刚是一种威仪，一种自信，一种力量，一种不可侵犯的气概。柔是一种收敛，一种风度，一种魅力，一种婉转绰约的姿态。

"家长是我们教学中重要的帮手，家校沟通是班主任日常工作中不可忽视的重要一环。与家长的往来，需要把握住：'往而不交'的原则。对于新手班主任来说，最怕遇到这几种棘手的家长：对孩子的各项事务大包大揽，甚至对于孩子的过失也一并担责，护犊心切却不得要领；对孩子本该承担的学习任务拈轻怕重，对于老师布置的学习任务挑剔又苛责；遇到学生之间发生的矛盾，家长只看到自己孩子的委屈，不能顾全大局。遇到这样的家长，咱们新手班主任可不能自乱阵脚，更不能惧怕。要以冷静的头脑判断形势，用敏锐的眼睛调查研究，用智慧和博学去机智化解矛盾。

"学生是我们的工作对象，更是与我们朝夕相处，对我们深深信赖的孩子。无论何时都要给孩子们发声的机会，切不可凭借主观印象判断问题，要做到公平公正、赏罚分明。尤其是对于班级里比较特别的孩子更需要用爱用心用计，耐心教育；抓住时机，以实击虚，出奇制胜。每个班级都有不同的特点，没有放诸四海而皆准的管理方法，班主任还需结合自身个性特点和学生的实际情况随机应变、因材施教。多阅读书籍，多向师傅们学习，多在实践中反思，要明确自己的学习诉求并践行自己制定的小目标。年轻的伙伴们，加油！

第三节　"和而不同"，创"各美其美，美美与共"

见微知著

　　生态密码是一个比喻性的表达，用于描述生态系统中各种生态因子之间复杂的相互作用和共存关系。比如，为什么蜜蜂能够建造出如此精美而复杂的蜂巢？为什么蜜蜂能够高效而有序地采集花蜜和花粉？为什么蜜蜂能够忠诚而无畏地保卫自己的家园？

　　蜜蜂是一种社会性昆虫，也就是说，它们不是单独生活，而是形成一个由数千只或数万只个体组成的集体，有着非常明确的分工。每一只蜜蜂都能发挥自己的最大潜能，为整个群体的利益而努力，共同协作、共享资源、共担风险。在这样一个集体中，每个个体都有自己的角色和职责。

　　生物界的自然法则有其繁衍生息所必需的生态密码。仿生学的科学性和客观性，旨在通过全新的视角和方法，模仿自然界中的解决方案，来解决人类面临的各种实际问题，从而推动各领域科学技术的创新和发展。学校管理可借鉴其生态密码中的智慧和能力，以及团结奉献的精神，推进教育教学工作的开展与改革创新。比如，学校不同学科、不同岗位如何合理地分工做好组织管理，如何与同事有效地沟通和协作，如何为自己所属的集体贡献自己的力量，等等。

　　管理制度是一系列规范组织内部运作、提高效率、确保目标达成的规则和程序，通常包括管理理念、组织结构、职责分工、决策流程、人事制度、绩效考评、财务管理、安全制度等。

一、遵循"和谐共生"，整合架构，明确分工

组织架构是管理系统的基础，为组织的稳定运行提供了必要的结构支持，促进组织的可持续发展。南小森林城清晰合理的组织架构（如图4-1）设计，明确了各个部门、岗位及其成员的职责和任务，明确了决策路径，简化了决策流程，有助于加强各部门之间的沟通与协作，减少信息传递的障碍，从而提高工作效率，避免职责重叠或遗漏。学校通过清晰的组织架构，将有限的人力、物力、财力等资源合理分配到各个部门和业务中，提高资源利用效率。同时，一个开放、包容、创新的组织架构有助于塑造积极向上的校园文化，增强师生的归属感和认同感，激励全体师生积极向上，共同提升。

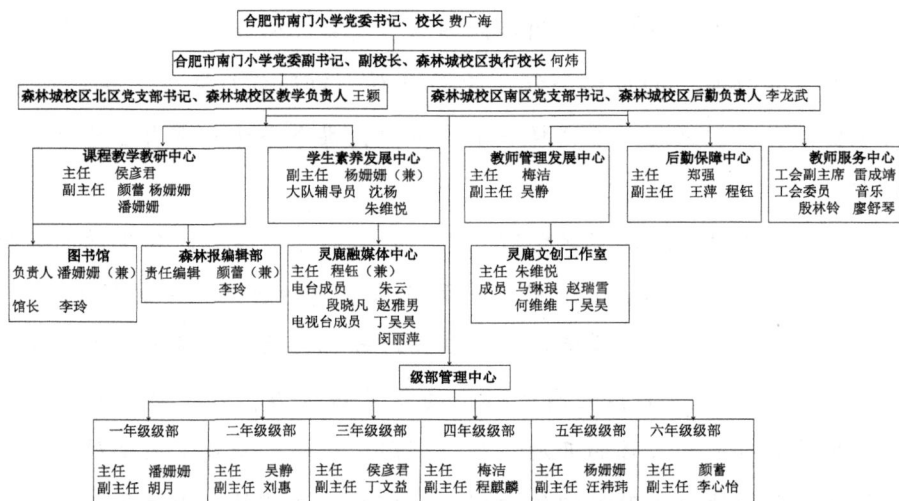

图4-1 合肥市南门小学森林城校区组织架构图（2023年9月起使用）

南小森林城（北区、南区）党支部书记在南小党委领导下，总体负责党支部工作，负责召集支部委员会和支部党员大会，上好党课，认真贯彻执行上级党组织的决议、指示等；党支部组织委员负责做好管理党员、发展党员、党费收缴、组织关系转接、支部换届选举等工作；党支部宣传委员兼纪检委员负责做好党员教育培训、宣传、纪检工作等。

校长室人员及分工：校区执行校长全面负责南小森林城各项工作；校区副校长两位，一位分管学校教育教学、教师发展和学生发展工作，另一位分管南小森林城学校教师服务和后勤服务工作。

教师管理发展中心人员及分工：主任负责学校人事、编制，学校宣传、教师考核、师德师风建设和考勤等工作；副主任负责学校人事管理、职称及晋级工作、党务工作等。教师管理发展中心还下设"灵鹿文创工作室"。

课程教学教研中心人员及分工：主任负责学校教育教学、教师成长和学校教学、体育课程建设等；副主任三位，一是负责课堂监测和学业评价实施的统筹安排和语文、道德与法治、心理、信息课程建设等，二是负责德育工作和英语、科学课程建设等，三是负责校本课程研发、教育教学成果统计和英语、劳动、综合实践、音乐、美术课程建设等。另外，该课程教学教研中心还下设"图书馆"和"森林报编辑部"。

后勤保障中心人员及分工：主任全面负责学校安全、物品采购和领用、固定资产管理、维修等学校后勤全面工作；副主任两位，一位负责固定资产管理、维修以及防疫安全等工作，另一位负责食堂、卫生保洁等工作；会计负责财务、工资、公积金、社保、收入证明核定等工作。

学生素养发展中心人员及分工：主任全面负责学校德育、少先队、共青团组织工作；大队辅导员两位，一位负责北区少先队相关工作、家长成长课程建设等工作，另一位负责南区少先队相关工作、班主任工作考核等工作。"学生素养发展中心"还下设"灵鹿融媒体中心"。

教师服务中心人员及分工：工会主席、副主席及工会委员协助校长室和办公室进行教师婚、丧、嫁、娶等慰问，组织节日慰问、教师活动，教师工伤事宜、合肥市职工服务平台维护、学校民主测评、教师体检、月度人物评选等。

级部管理中心人员及职责分工：级部主任在主管校长领导下，对本年级的教育、教学工作负有全面管理的责任，主要职责是团结带领本年级全体老师端正教育思想，全面贯彻教育方针，开拓创新，争创优秀年级组，提高本年级班级管理水平和教育教学质量。级部副主任配合级部主任，根据学校各部门的工作计划，结合本年级的实际情况落实学校各项工作要求和工作任务并检查贯彻执行情况。

整个管理架构分为横线和纵线两条管理路径。横线路径是各部门、各中心、各级部之间平行关联，彼此协调互助，互相监督。纵线路径是上行和下行自由贯通，向下行是直管服务，向上行是任务落实或紧急事件直接反映：①校长—分管校长—部门—教研组—备课组—教师；②校长—分管校长—部门—级部—教师/班级；③教师—级部—部门/校长。学校组织架构对于学校的管理和发展具有重要意义。一个有效的组织架构能够提高学校的教学效率、优化资源配置、促进沟通与协作、适应环境变化、支持教学与科研活动等。因此，学校在设计和调整组织架构时，需要综合考虑内外部环境、发展战略、学校规模、人员素质等多方面因素，以确保组织架构的有效性和适应性。

二、试用"PDCA"质量管理体系，寻找技术支持

PDCA（Plan-Do-Check-Act）质量管理体系是一种用于持续改进和优化过程的方法论。全面质量管理的思想基础和方法依据就是PDCA循环。PDCA循环的含义是将质量管理分为四个阶段，即计划（Plan）、执行（Do）、检查（Check）和处理（Act）。在质量管理活动中，要求把各项工作按照作出计划、计划实施、检查实施效果，然后将成功的纳入标准，不成功的留待下一循环去解决。这一工作方法是质量管理的基本方法，也是企业管理各项工作的一般规律。在学校环境中，建立这样的体系可以帮助提高教育质量、管理效率和师生满意度。

根据PDCA质量管理体系的步骤，第一个阶段是"计划（Plan）"阶段，各部门首先展开了自查，分析现状，确定需要改进的领域，再设定明确的目标和期望结果，然后制定实施计划，包括分配资源、人员和时间表。

第二个阶段是"执行（Do）"，按照计划开始实施改进措施，确保所有相关人员了解并参与到改进过程中，同时，对执行情况进行监控，确保按计划进行。

第三个阶段是"检查（Check）"，对已实施的改进措施进行评估，分析是否达到预期目标；收集反馈信息，包括教师、学生、家长和其他利益相关者的意见；根据评估结果，确定是否需要进行调整或进一步改进。

第四个阶段是"行动（Act）"，根据检查结果，对计划进行修正和调整；将成功的改进措施纳入学校的长期管理体系；对于未达到预期目标的领域，重新进行PDCA循环，直至达到满意结果。

第五个阶段是"持续改进（Continuous Improvement）"，将PDCA循环作为学校管理的常态化过程，确保教育质量的持续提升；定期对质量管理体系进行审查和更新，以适应学校发展的需要；鼓励创新思维，持续寻找改进的机会和方法。

通过学习，2023年秋学期，学校拟定了"PDCA"质量管理记录表，各部门梳理了本部门亟须解决的问题，开始尝试有针对性地解决相关问题。

例如，教务部门选择的是一二年级无纸笔测试项目的改进与优化。学校通过两年的实践，并且在合肥基础教育研究院研究项目《"双减"背景下低年级学业非纸笔测试评价探索》课题研究的指导下，发现原先设计的"寻觅森林岛大挑战"框架涉及学科很广，形式活泼有趣，学生快乐无负担，但活动深入学科价值体系远远不够——关于"展艺涵美"项目群的文化理解、审美感知、艺术表现，"悦读力行"项目群的博文广读、推理思辨、创新实践，"巧析妙算"项目群的运算能力、空间想象、几何直观，"强心健体"项目群的交流合作、健康行为、责任意识，方向明确了，却没有契合的测试内容做支撑。真正落地到实际测试的方式和内容时，出现了以下问题：知识能力层次过于浅显，缺乏考察必要性；测试项目华而不实，浮于表面，过于敷衍，项目之间缺乏联系，割裂明显；测评结果不能真实反馈学生实际能力水平，也无法发现学生特殊潜能，等等。而且，项目在执行过程中，耗时费力，活动安全隐患大。

项目具体操作步骤很流畅。教务部门全体成员共同发现并确定核心问题"如何高质量完成无纸笔测试项目"。接着，分析影响质量的各种原因："学生人数多，测试时间过于集中，测试内容涉及学科广，水平不够精准"，并且找出其中的主要原因："学生人数多，测试时间过于集中"。随后，针对这个主要原因，提出解决措施，制定行动计划，并预测效果，反复考虑："为什么制定这些措施？""要达到什么目的？""在哪个环节或部门执行？""什么时候执行？""谁负责执行？""用什么方法完成？"经过缜密思考，推出新的评价方案：测试分解在平日的教学活动中，上学期与"学科节"能力展示结合，下学期进行全年级全课程融合体验活动，全面考查学生学科综合素养。具体题库的设计，须围绕学生真实生活，提炼真实问题，设置真实问题情境。

通过计划、执行、检查和调整四个步骤的PDCA管理，学校各职能部门能够不断优化工作方法、内容和程序，实现持续改进；持续改进的理念，使学校在快速变化的教育环境中，不断地发现问题、解决问题，及时调整策略和计划，并将成功经验和未解决的问题带入下一个循环，实现阶梯式上升，以适应新的挑战和需求，不断提升学校的整体运行效率和教育服务水平，对于学校的长远发展具有重大意义。

除了选用新的管理技术提升管理质量，南小森林城还坚持实行各类"满意度调查"管理评价反馈机制，持续关注管理制度中人性化的调整，努力让各项管理变得有"温度"。在管理制度的不断改进、解决各项问题的同时，也衍生出了新的问题。如何让这些管理得到全体教师的认同，有效地落实推进呢？学校启用相关问卷调查，收集教师对于其工作环境、资源、政策、职业发展机会、福利待遇以及工作过程的服务保障和学校管理模式等方面的感知和态度，从而给学校的管理制度带来启示。

比如对学校管理服务满意度问卷调查，为打造一支"务实、高效、有为"的团队，推进学校服务水平，请老师们本着实事求是、客观公正的态度，结合问题，对学校年级部管理、教学管理、后勤服务等进行评价。"年级部常规工作是否落实到位，注重效果？""年级部主任工作是否积极主动，是否能提前思考、安排年级部工作，是否经常与各部门负责人沟通年级工作，善于提出合理化工作建议？""每学年开展的'青训计划'最有实效的项目是什么？""常规业务检查是否有意义？""本教研组或备课组开展的教研活动哪一次效果最好？""学校组织的学生活动，你最满意的活动是哪一项？""对后勤人员及时配备与发放各类物资情况有何建议？""对后勤人员及时进行学校设施设备检查、保养、维修和解决教育教学设施问题方面有何意见和建议？"

通过对问卷的数据进行整理和分析，得知教师对学校提供的职业发展机会普遍满意，帮助学校制定更有效的教师专业成长培养计划；对后勤服务保障的满意度还有待提升，相关部门针对反馈，立即整改……定期的满意度调查，可以让教师感受到他们的意见被重视，从而提高他们的工作满意度，增强他们对学校的归属感和忠诚度，为学校管理层提供宝贵的信息，帮助他们在政策制定和资源分配方面做出更加明智的决策。教师满意度调查是学校管理和维护教师队伍稳定性的重要工具，对于提升教育质量、促进学校发展和增强教师的工作满意度具有显著意义。

三、将冰冷的"禁令"，转化为"契约精神"或"温馨导引"

南小森林城延承南小"自主教育"的办学特色，促进学生全面、主动、和谐发展，在南北校区建有丰富多元的学科特色功能室。如何有效地确保功能室的正常运行，提高功能室的使用效率呢？学校通过制定详细的管理规定和操作流程，依据以下原则使各类功能室的使用和管理更加规范化。

一是提高安全意识，保障师生安全——通过对功能室的使用人员进行培训和考核，提高他们的安全意识和操作技能，降低安全风险；二是以人为本，优化服务质量——通过对功能室的管理和服务进行持续改进，提高功能室的服务水平，满足师生的需求，提升师生对功能室的满意度；三是强化责任意识，提高工作效率——通过明确功能室管理人员的职责和权限，加强对其工作的监督和考核，激发其工作积极性，提高工作效率；四是提高资源利用率，避免资源浪费——通过对功能室的使用进行合理安排和调度，确保功能室在满足教学、科研等需求的同时，充分利用现有资源，提高资源使用效率；五是提高整体管理水平，促进学校发展——通过建立健全功能室管理制度，提高功能室的管理水平，为学校的教学、科研等工作提供有力支持，推动学校的全面发展。

依据有效原则，大多数功能室提交的管理制度初稿中基本充斥着"严禁""不许""必须"等生硬的"禁令"式词汇，读起来令人产生距离感。如"请不要大声喧哗""严禁携带饮料入室""必须遵守操作规则"等。费校长提出，校园中的规章制度应更多反映学校的文化基因，我们倡导什么样的文化，就需要相应的表达。站在育人的角度，我们调整了思路，集各功能室管理老师的智慧，充满"契约精神"或"温馨导引"的各功能室管理制度让森林城管理生态焕然一新。

如《"博弈棋社"对弈公约》："亲爱的小棋手们，欢迎来到南小森林城博弈棋社！'琴棋书画'四大艺术是我国古老的文化传承，棋类蕴含着兵法、谋略、治国等内涵。在这里你可以亲身体验到对弈带给你的无限乐趣。为了创造良好的对局环境，森林城博弈棋社发出以下倡议：下棋前，先静坐；轻落子，勿有声。对弈前，先行礼；对局毕，还原处。坐端正，落子雅；有涵养，懂宽容。学习时，心眼到；对弈中，勿张望。勤计算，条理清；爱发问，多分析。遇强手，敢挑战；有斗志，无困难。猜子时，长者先；不移子，落无悔。胜不骄，新起点；败不馁，发奋追。胜固欣然，败亦可喜！同学们，让我们一起在智慧的海洋中遨游，在对弈中学会尊重，在比赛中学会成长，做一个有棋品、懂感恩的小棋手。"

再如《"鹿鸣国乐轩"管理制度》："'呦呦鹿鸣，食野之苹。我有嘉宾，鼓瑟吹笙。'鹿鸣国乐轩取自《诗经·小雅·鹿鸣》。飘袅高飞，且听管弦悠扬，钟鼓喤喤，与你雅俗共赏。在这里，南小森林城的小灵鹿们将修匠心，练匠艺，丝竹和鸣同赏古今韵，琴箫齐奏共赴森林礼。我们发出以下倡议：①爱艺术，爱民乐。因热爱，我们相聚在国乐轩。②爱集体，爱乐团。在国乐轩，我们是小小主人翁。'关心乐团的发展，善于与他人合作，个人服从集体。'这是我们共同的承诺。③惜良机，提能力。每次排练都是难得的学习机会，我们和乐团的小伙伴们，一起用心提高自己的乐队合作能力、演奏能力和音乐鉴赏能力。④不迟到，不早退。这是一个高度自觉的集体，按时参加乐团的每次活动，不迟到、不早退，有事先请假，定是你我心中不变的默契。⑤排练前，先准备。作为一名合格的乐团成员，每一次排练、活动前做好各种准备工作，包括乐器、谱架等。⑥排练中，用心学。相信你一定能做到在排练中认真练习，用心领会，做到不随便讲话、不做任何与排练无关的事。⑦排练后，多反思。每一次排练后再想想：在排练中学到了什么？存在哪些问题？如何解决？通过这次排练，你一定又进步了吧！"

　　再有《文澜阁图书借阅公约》："①班级阅读课程时间'入室即静，遇书则安'，在馆内心静生慧。②全校师生共同爱护图书，保持图书馆的整洁与图书的完好无损。③借书须刷脸登记，未经登记不将图书拿出图书馆。④借书时，有序排队，保持室内安静，听从管理员和志愿者的管理。⑤学生、教师、管理员借阅期限为一个月（教师及管理员借阅需登记）。学生每次可借1本书。⑥图书准时归还。归还图书时，管理员检查书本是否有破损。如图书有破损、丢失，借书人按价赔偿。⑦严格遵守借还书时间，不影响其他小读者的借阅。"

　　教育家陶行知"蹲下来看孩子"的教育观念不正是如此吗？教育者放下架子，站在孩子的角度，让"硬性管理"变成了"正面教育""温馨引导""温暖服务"，与孩子平等对话，倾听孩子的心声，关注孩子的情感和需求，在彼此尊重中，为孩子们的成长创造更好的氛围。

第五章　校园课程生态

　　课程，指体系化、条理化、序列化的教学内容。狭义的课程是指一门学科，一组学科和一组教材；广义的课程指学生在学校依据教育目的，有计划地指导下，所获得的全部经验；更广义的课程指的是各教育环境和学生在环境中各项因素交互作用下所获得的全部经验。可以说，课程是一个不断发展的概念。

　　记得毕业分配至南小工作的那几年，正处于20世纪90年代全国第八次基础教育课程改革背景中。南门小学勇立潮头，推行素质教育，关注全体学生，注重全面发展与个性发展的结合，创新课程改革。其中，有一项创举堪称开省市教育先河：每周五下午实行兴趣课程走班制，打破原先的班级建制，由全校学生根据自己的兴趣爱好，自由选择兴趣班。来自不同班级、不同年级的学生因同样的爱好而重新组班，聚集在一起，在各自的领域进行深入学习。

　　纵观我国基础教育课程改革的历程，尤其是《国家基础教育课程改革纲要（试行）》及2022年新版义务教育课程方案及各学科课程标准的正式颁布，可以感受到我国新一轮基础教育课程改革的核心目的是培养全面发展的人——关注学生作为"整体人"的发展，更强调人的生命意义，健康第一；统整学生的生活世界与科学世界——突出课程内容的发展性、现实性和生活化；寻求学生主体对知识的建构——基于建构主义知识论与认识论，强调学习方式和教学方式的转变，形成积极主动的学习态度；建设民主的课程管理文化，重建学校管理与教育评价制度，体现课程内容结构的均衡性、综合性和选择性，关注隐性课程的作用，创建富有个性的校园文化。

基于这些目标而形成的课程生态，强调"以学生为中心"，以学生的需求和发展为核心，追求教学环境的最优化，确保学生能够在最佳的学习环境中成长；强调课程之间的"多元共生"，注重课程内容的多样性、相互关联性和持续发展性，以形成一个多元化的教学生态系统，这将有助于学生形成全面的知识结构和技能体系；强调"动态平衡"，不断评估和调整课程内容和教学方法需要，以适应社会发展和学生需求的变化；强调"智慧融合"或"技术融合"，变革课堂教学结构，提高教学质量和效率；等等。

第一节　五育并举，融合发展，聚焦"立德树人"

见微知著

南小森林城北校区西门有两棵一同种下的玉兰树，相互对望着，矗立在大门一侧。不同的是，一棵无遮无挡，肆意享受着自然界的阳光雨露，而另一棵靠近大门，只能享受半日阳光，因为高大的门头会遮挡住午后的阳光。同样的土壤、同样给予精心照料，但因为后天的成长环境略有不同，两棵树的模样差距也越来越大。一棵愈发苗壮向上，另一棵相较而言孱弱了一些。到了春季抽叶的时间，苗壮的那棵满树繁花落尽，孱弱的那棵还在零零落落开着花。每次路过，总忍不住要和身边的孩子叨叨一番："你看，充分的日照会让玉兰树更加健康，人也一样，在成长的关键期需要各种丰富的营养，要学会主动争取阳光哦。"

阳光与树，就如同教育与人，高品质的教育会提升我们的生命质量。学校的课程建设若能更好地适应学生的需求，促进学生的全面发展，就是一种高品质教育。课程是学生成长的导向标，学校有什么样的课程，意味着将培养什么样的孩子。在教育部"双减"政策及"德育铸魂、智育提智、体教融合、美育熏陶、劳动促进"五大行动指引下，南小森林城实施了森林样态下"德智体美劳"五育并举、融合发展的课程体系。这不仅是一种理念，更是一种行动。五育相对独立，又相互交融。德育、智育、美育属于心理发展层次，体育属于身心和谐发展层次，劳动技术教育属于创造性实践能力层次，构成不可分割的整体。向内看，"德"定方向，"智"长才干，"美"塑心灵；向外看，"体"健身躯，"劳"助梦想。"五位一体、内省外练"，共同促进孩子们的全面发展。

在基于德育为先的五育课程体系建设中，南小森林城始终重视校园课程文化环境和特色课程内涵建设，强化活动课程的综合性与实践性，鼓励以概念、主题为项目抓手的跨学科整合，以适合学生发展的方式和逻辑进行五育之间的有机综合和相互渗透，即"你中有我，我中有你"，努力让每个孩子都能在校园课程中找到优势特长，找到自信，得到全面、整体的发展。

一、以德为先，培根铸魂

教育的本质是立德树人、为了每一个独特生命的自主发展。德育课程包含了理想信念教育、社会主义核心价值观教育、中华优秀传统文化教育、生态文明教育和心理健康教育等多方面的内容。"大德育"的概念相对于传统的狭义德育而言，强调德的全面性、连续性和实践性：全面覆盖所有的教育教学活动及管理，全员参加，全过程实施；不局限于学校教育，而是结合家庭、学校、社会等多个方面的一个持续性的立体教育体系；须融入孩子们实际生活中，内化于心，外化于行。

在"大德育观"这种全方位、多维度的教育理念的指导下，南小森林城坚守德育课堂主阵地，整合家庭、学校、社会教育资源，整体架构有利于学生形成未来发展所需要的必备品格和关键能力的育人体系，创新多元的德育课程与评价，发挥整体功能，发现儿童潜能，努力践行社会主义核心价值观，为每一个独特生命的未来发展奠定坚实的基础。学校人人都是德育教师，处处皆是育人环境，时时均是德育瞬间。

道德与法治学科是义务教育阶段的思政课，也是立德树人的关键课程，是开展德育教育的主阵地。为了保障思政课的高质量，南小森林城除了基础教研活动开展以外，还新增了混合式教研、思政先锋成长营、校长思政公开课、校长走班授课制等特色形式。例如特别受孩子们欢迎的"校长走班授课"——校长作为思政课专职教师，根据思政教研组统一课程进度，按课表随机进班，给孩子们上道德与法治课。如此不打招呼且近距离与孩子们接触，直观了解到各班真实的学情、班风等基本面貌，同时，一堂堂涉及道德与法治教育的"尊老敬老""交通法规""新年的礼物""我爱我的家乡""好习惯"等话题，在孩子们的活跃思维、积极发言中，不断深入。老师们在听课中也打开了思路，共同学习成长。校长信箱里挤满了孩子们的迫切希望："何校长，您什么时候再来我们班级上课啊？""这样一起辩论的课很有意思呢！"由校长室牵头行动的全员思政推行顺利，学校课程育人品质稳步提升。

在建党一百周年到来之际，南小森林城以全学科路径，营造"人人讲思政，课课有思政"的课程思政氛围，如"书记、校长讲党课""红领巾说党史""齐唱红歌""一起学党史""音乐课上的思政味儿"等活动，全员思政，让每一节课、每一个和学生一起的瞬间都成为思政教育阵地。

南小森林城的每天清晨，伴随着庄严的国歌声，操场上的五星红旗冉冉升起，校门外、操场上、过道里正步履轻快的孩子们纷纷停下，面向国旗升起的方向，端正敬礼，这是南小将爱国教育落实在升旗仪式、晨会等日常活动，以及形式多样、主题鲜明的节庆纪念日、爱国主义教育基地研学等活动的德育成果具化。

2023年9月27日上午，南小森林城六年级全体学生前往合肥市蜀山烈士陵园祭奠革命先烈，在致敬英雄中传承红色基因，在抚今追昔中坚定前行意志，这是南小教育集团每一届毕业学子的成长必修课——"930"课程。站在"江淮英烈永垂不朽"的纪念碑前，全体成员整齐列队，庄严肃穆。少先队员代表向革命烈士纪念碑敬献花篮，全体少先队员向革命烈士纪念碑敬礼，表达了对革命烈士深切的缅怀之情。少先队员代表发言，用铿锵有力的声音向英烈们表达敬意："青山埋忠骨，史册载功勋。革命先烈浩气长存、永垂不朽！"鲜红的国旗和队旗前，全体少先队员再次庄严宣誓："我热爱中国共产党，热爱祖国，热爱人民，好好学习，好好锻炼，准备着，为共产主义事业贡献力量！"

在革命烈士事迹陈列馆内，一件件历史文物无声诉说着他们经历的过往；一张张珍贵照片又将当年艰苦的瞬间化为永恒。少先队大队部沈杨老师培养的一批优秀的南小森林城红领巾讲解员，为学生们和其他观展人员讲解历史细节。那些震撼人心的场景，那些屹立的丰碑都在向我们传递着无限的力量。

少年强则国强，"930"课程以祭扫烈士墓为契机，旨在不断告诫每一位即将毕业的学生：每一位英雄烈士，都是一座精神的丰碑；每一次对他们的缅怀，都是一次思想的洗礼；每一次对他们的致敬，都是一次精神的传承。如果信仰有颜色，那一定是鲜艳的中国红。把这种力量传承下去，为少年们扣好人生第一粒扣子是我们每位教育者义不容辞的责任与义务。

爱国教育，为学生铺就健康成长底色。学校与大蜀山文化陵园建立合作基地后，"930"课程愈加丰富。在国家公祭日等特殊日子，带领孩子们一起前往烈士陵园、革命英雄纪念碑、革命纪念馆、延乔路，动情讲述，不忘历史，厚植情怀，将爱国的种子播撒在每位少先队员心中。

学校的周一晨会、班队会、红领巾讲解团、红领巾广播站、融媒体中心等学校爱国主义教育的阵地，都发挥了重要作用，只有真正了解历史，才能激活发自肺腑的信仰与热爱。

为致力于让教师成为学生锤炼品格的引路人、学生学习知识的引路人、学生创新思维的引路人，学校成功申报了思政学科省级课题，将教师专业成长目标定为"政治要强，情怀要深，思维要新，视野要广，自律要严，人格要正"，培养了一大批优秀的德育战线干将，为"大德育"课程的高质量发展奠定了基础。

二、强心健体，锤炼意志

费校长经常挂在嘴边的一句话是："健康第一，一定要重视体育教育。让孩子们在体育竞技活动中学会拼尽全力地去'赢'，体体面面地去'输'。"与南小森林城一墙之隔的四里河社区医院里，有一位护士曾经说过："我一直以为这里是体校呢，从早到晚，操场到处都是学生在参加各种运动训练。"虽是个笑谈，但她描述的那个热闹的操场真的很形象。

南小森林城一直坚守"健康第一"课程理念，建设了各样的功能场馆并不断完善。以灵鹿青少年体育俱乐部为平台，后期又辅以课后服务平台，建设了进课表体育类特色课程和少年宫、俱乐部、课后服务等缤纷课程，如篮球、足球、乒乓球、网球、排球、游泳、田径、击剑、啦啦操、跆拳道、武术、滑雪、围棋、中国象棋，等等。为了让孩子们爱上体育运动，养成热爱运动的好习惯，学习并掌握一两项运动技能，为孩子未来提供更多可能性，一二年级在每学期每班4节体育常规课基础上，新增1节体育特色课，每学期进行一次轮转；四年级每学期每班每周3节体育常规课基础上，新增2节游泳课；未来在其他年级也陆续实现每天都有体育课。学校每学年进行两次运动会：春季运动会主要以竞技类活动项目为主，让具有专业优势的同学拼搏赛场、磨炼意志，传递生命向上的蓬勃力量；冬季运动会则以趣味游戏项目为主，是人人主角的体育节，班级师生、家长齐心协力，感受团结共赢的体育精神。在每一学年的家长问卷中，只要是学生和家长提出合理、可行的课程建设和管理意见，学校都会积极引进优质资源、积极筹备，让每个孩子能在学校课程中体验不同运动，激发潜能。

学校体育与健康课程教研组一直以科学性、全面性、教育性为原则，关注学生的全面发展，包括身体、心理、交往等综合素养，把握不同年龄学生的特点和生理发育规律，设置合理、明确的教育目标，培养学生的团队合作精神、竞技意识和良好的生活习惯。

三、向美而行，美育浸润

"外师造化，中得心源"，这里"心"是照亮美的光源。没有美的心灵，就不能照亮世界万物的本真之美。而美育则是培养美的心灵的良好途径。美育浸润行动的主要目标是通过艺术与审美活动的熏陶，在教育过程中潜移默化地影响师生及学校全面和谐的发展，丰富精神文化生活，提升审美素养和人文素质，使身心愉悦，人格健全。

南小森林城美术教研组是一支非常优秀、成熟的专业队伍，她们依托美育基地的优质资源，探索搭建以"诗书画印"为主线的美育生态课程项目体系。2021年合肥市教育局教育科学研究院率先开展"庐美校园"计划申报，南小森林城成功申报"庐美校园"计划（中国书画）美育基地，并于10月15日正式揭牌。诗："观察生活是一切艺术教育的核心"，学生在诵读诗歌的过程中感悟诗词之美、在生活中发现诗词之美，用二十四节气有声图鉴，诵节气之诗，运用绘画的形式，进一步表现诗歌作者的所见所闻所感所想，真正做到诗与画的融合。书：学生通过学习书体、探索载体、传承文化感受书法之魅力，以一周一次常规课进行普及，对学校的智慧书法教室墨童轩社团进行重点提升，探索不同载体背后的意义和故事，探究不同材料所呈现的美感，并尝试寻找新材料进行创作。画：以画为思，传承创新，探索在历史发展的不同时期中国画的形式和题材，开展国画水墨童年社团，以社团为载体学习中国画，创作国画文创作品。印：制印为诺，展望未来，以印信文化、学印之旅、毕业印记三部分带学生走进印的世界。学生在老师的组织带领下，开展跨学科项目合作，用漫天飞舞的银杏叶吟诗，用陶艺坊的彩泥作画，多学科交融，在六年的小学学习中循序渐进，感受美、创造美、传承美。一位学生这样说道："在诵读诗、找寻诗、表现诗的过程中，我发现原来诗词之美就在我的眼前，学校中的农耕园、竹林间，无不藏匿着美的痕迹，能够用简练的诗词表达，真是太美好了！"

"春之声"音乐会暨音乐素养大赛是南小森林城充满艺韵之美的活动。赛程通常为一周，分为四个类别：器乐类、声乐类、舞蹈类和语言类，招募时总会得到学生们的热情呼应，分南北校区同时进行，各赛场节目形式多样，内容精彩纷呈。"琴声悠悠，中西合璧"，器乐类比赛，有古筝、二胡、琵琶等中国民族乐器，也有小提琴、单簧管、萨克斯等西洋管弦乐器；"歌以漾声，曲以徊乐"，声乐类比赛极具观赏性，比赛现场不仅有动人的歌喉，还有精致的妆容和精美的服饰应景；"衣袖摇曳，轻舞飞扬"，舞蹈比赛现场热闹非凡，有唯美高雅的古典舞、有热情奔放的拉丁舞、有活力四射的爵士舞、有潇洒帅气的街舞；语言类比赛节目丰富多样，有富有表现力的朗诵，机智幽默、让人捧腹大笑的相声、小品等。"春之声"音乐会暨音乐素养大赛，不仅为学生提供了一个多彩的舞台，也让艺术文化的魅力在他们心中生根发芽，让学生更加快乐地成长。

南小森林城的"乐"，不仅是音乐之"乐"，也是快乐之"乐"，更是美德的普遍高尚，活力的竞相迸发，精神的昂扬向上，师生对美好生活的向往和追求。如今，我们的学生，享受艺术，一书一画，陶醉并发展着；我们的老师，享受工作，一心一意，忙并快乐着；我们的校园，美育浸润，一草一木，生长并蓬勃着。

四、以劳润心，劳动促进

劳动教育是落实"五育"并举、立德树人的有效途径。南小森林城南区有一条"二十四节气"长廊，廊壁上是师生拍摄的"二十四节气校园图鉴"；公众号中有一列专栏，主题为"跟着节气去劳动"，大队部微信视频号按节气准时推出"少先队员说节气"等栏目；北校区园内有一处"童耕园"，那里一年四季果蔬飘香，孩子们翘首以盼，期望能拿着灵鹿币兑换进园的机会。南小森林城的二十四节气劳动课程是一个完整体系，也是一个个学科融合的实践案例。

如，"立夏绘彩蛋，寻找自然色彩之美丽"——美术老师融合了美术课的色彩表现力和节气文化中的"立夏绘彩蛋"传统习俗，带着学生去大自然中观察，并让孩子付诸笔端，在蛋壳上绘制五彩图画，通过手眼结合，感受传统节气的底蕴，体验劳动的快乐；"小满养春蚕，体验农业发展之奇妙"——科学老师引导孩子在课堂上了解和学习蚕的相关知识，传授养蚕的相关劳动技能，并在课后指导学生科学养蚕，学习传统的养蚕技术，感受劳动人民的智慧，体验传统农业劳动的奇妙；"我手写我心，沉淀生活劳动之快乐"——语文老师引导学生挖掘并体验节气中丰富的劳动，带着学生们走向生活，亲近自然，切身感受节气劳动中的人文气息，流淌心灵深处的文字灵感；"走进童耕园，锻炼劳动技能之成长"——体育老师将课堂搬到了学校的劳动实践园地"童耕园"，学习运动技巧与劳动技能的共性，让学生感受到劳动的快乐，体验农耕的乐趣，在劳动中锻炼，并达到劳动育人的目标。

每当"节气"到来之际，大队都以"红领巾"微课堂、微视频的形式展现队员们的劳动成果，深化同学们对节气、劳动的理解。以节气为时间线，带领学生梳理农业劳动的时间和过程，组织学生开展选种、播种、浇水、施肥、收割等活动，让学生在参与劳动生产的过程中，对劳动技术、过程以及二十四节气的变化形成深刻的理解。课外还鼓励家长和孩子一起来完成，不仅可以锻炼学生的实践动手能力，让学生在劳动过程中收获更多的幸福感，从而形成积极的劳动态度，还有助于转变家长"唯分数"论的育儿观，增进亲子感情。

如今，南小森林城积极打破学科壁垒，跨界多线整合，建构着眼于"文化自信"的地方性校本课程，探索劳动教育与德育、智育、体育、美育的深度融合，初步形成"道法课+乡土情怀滋养""语文课+田园写作实践""科学课+农业发展探究""体育课+时令健康讲座与锻炼""美术课+节气寻找色彩行动"等课堂样态。同时，学校还依据国家义务教育课程标准发布了"家务劳动分级卡""南小森林城劳动训练清单"，每位学科老师都能依据清单结合自己的课程内容设置劳动训练目标。各班利用综合实践课程开展劳动技能大比拼，锻炼孩子的劳动能力，促进了身心的健康发展。

第二节　基于"儿童本位"的多元课程，激活潜能

见 微 知 著

现代科学研究发现，在植物与环境构成的生态系统中，存在物质与能量的交换，光合作用就是植物与环境进行物质交换、能量交换的具体体现。光合作用主要发生在植物的叶，在光合作用之前，植物的生长主要依靠种子中的有机物。生长出叶子的植物开始进行光合作用，自己产生有机物，让茎叶不断茂盛、让根系不断发展，直至开花、结果。课程的意义也在于此，国家课程及基于国家课程和地方特色开设的校本活动课程，如同阳光雨露一样，帮助生命个体更好地进行"光合作用"，进行内外的能力转换，更好成长。

世人皆叹自然之美，美在其包罗万象，秩序井然。生态平衡和生物多样性都是自然之美的体现。每一个物种都是独一无二，被赋予了独特的意义，人类应该尊重自然，保护物种多样性，通过欣赏自然、探索自然和了解自然的方式来体验和欣赏自然之美。学校育人课程的目的也在于此，每一位学生都会以自己的方式闪闪发光。丰富的校园活动对师生成长有着不可或缺的重大作用，美好世界的微场景能帮助孩子树立正确的价值观，强化体验感，从而悦纳自我、面向未来。

一、图书馆课程——悦读启智，善思明理

2021年5月，国务院教育督导委员会办公室印发《关于组织责任督学进行"五项管理"督导的通知》，即五项管理，其中读物管理专项再一次高度明确校园阅读工作的意义和重要性。南小森林城结合以往图书馆管理建设工作经验，落实国家"双减"文件精神，不断调整完善工作思路，努力将阅读管理工作做得更精细化，以"儿童视角，素养本位"为建设理念，以学生的全面发展为方向，创设浓郁氛围，强化图书馆"立德树人的"辅助育人功能，如同馆训"悦读 启智 明理 善思"描述的那样：让学生能在轻松愉快、自主自发的系列阅读活动中开阔视野、陶冶情操、增长知识、启迪智慧，塑造科学严谨的探究精神、健康积极的人格品质。

审视一所学校的图书馆，即可窥知该校的教育理念，那些潜藏在图书馆课程文化中的培育力量，能给儿童带来全新的变化。南小森林城一直在思考中践行：如何将学校图书馆应用与教育教学全面深度融合，成为学校信息资源高地和师生智慧中心、成长中心与活动中心？

2017年9月起，学校将文澜阁图书馆项目作为重点建设项目，几次召开项目例会，商讨图书馆方案、更名，欲将校园图书馆建设成为校园文化中心，让孩子在阅读中自然汲取养分，健康全面发展。开馆以来，

学校一直坚持在儿童本位阅读理念指引下进行阅读引导与课程融合创新，以期实现学生核心素养的培育，以书香文化力量来改善教师和家长的教育教学方式，提升专业素养和家教理念，促进家校社和谐共育、优化学生成长环境。

越来越多的人加入校园图书馆建设中来，来到南小森林城文澜阁图书馆参观学习交流。学校文澜阁图书馆在2019年9月获评"最美校园书屋"称号，同年8月获评中国教育网书香校园优秀案例。自2017年9月学校校园图书馆研究课题开题以来，学校一直加强与大杨镇栖雁社区、合肥幼儿师范学校图书馆专业、三孝口新华书店、庐阳区中标服务单位枫林晚语传媒等开展合作，吸纳优秀办馆经验与技术支持，引进优质讲座与高品质阅读推广活动；同时积极与省内优质校园图书馆联系，学习并提升办馆理念。努力让南小森林城文澜阁图书馆更好地服务于学校课程改革与校园建设，更要从人的发展出发，关注学生核心素养发展，辅助实现学校"立德树人"育人目标，助推公共社会建设与发展。2019年秋季，学校邀请枫林晚语传媒、悦书房、前言后记等社会优质办馆资源到学校对馆内硬件设施和管理进行指导和规划，以契合师生阅读与学习生活需要为主要目标，对馆内管理设施和文化建设进行优化和提升。

2019年年初，学校开始立足学科融合，编写校园图书馆课程，先后组织教师进行若干次座谈与教材分析，立足学科融合和图书馆素养培养，初步拟定南小森林城图书馆课程纲要。老师们明确图书馆素养主要涵盖图书馆基础知识包括图书知识、图书馆知识、书籍分类知识、文献资源介绍、信息资源检索、数字资源和读书方法等；学科教师以核心素养培育为主要目标，以纲要为指导，成立了三个学段图书馆课程设计小组，分年级分学科梳理，对学科内可跨学科融合的知识点进行归纳，将以往碎片化图书馆课程活动进行整理。

同时，完善图书馆课程一体化网络建设。基于学校图书馆资源而举行的校园读书节作为学校传统节日，同时串联起校内不同年级、不同时段、不同种类的阅读活动社团及三点半课后服务公益课程；以文澜阁图书馆为基点，对班级阅读角、年级阅读书架进行层级管理，搭建学校泛在阅读文化空间一体化脉络。

二、少年宫社团课程——森林样态，自主发展

南小森林城以"森林样态，自主发展"为指导理念，回应学生的全面发展实际需求，立足国家基本课程建设，梳理校园课程框架，着力架构南小森林城五育融合并举校本课程体系，以期形成森林样态下学生阳光自信成长，健康全面发展的良好教育生态。

每周五下午的少年宫社团课程建设，是南小森林城的课程亮点——全校学生全员走班跑课，学生打破原有班级建制，自主选择感兴趣的社团课程。后期由于办学规模激增，功能室在不能完全满足全校学生同时选课的条件下，仍然保证二三年级全员走班，其他年级采取年级衔接课程或选修课程进行分流：一年级开展蒙以养正等习惯养成课程，四至六年级自主选修校级社团课、俱乐部或者综合实践活动课程。以2023年秋学期课程为例，累计开设60余门走班课程，每个孩子都有机会选择自己感兴趣的课程，艺术、运动、科创等，并在此基础上形成梯队，发展特长；俱乐部、社团累计开设近40门选修课程，同时，还配以可预约的生态科技馆、游泳馆、朗读亭等体验课程。学生的健康成长需求永远是校园课程建设的首要考虑因素。

学校少年宫课程建设一直由校长室精心设计，德育少先队统筹规划，落实国家"双减"精神和五项管理要求，充分调动各教研组优质力量，进行问卷调查分析，分析学校传统课程架构，基于国家基础课程，结合学生和家长的实际需求，利用校园功能室资源、挖掘社会资源进行课程建设。学校率先以融合课程理念帮助学生用合作、探究、实践的方式搭建大学科概念，有效落实德育铸魂、智育提质、体教融合、美育熏陶、劳动促进五大行动，提升校园育人品质。少年宫社团课程从蒙以养正到专业训练，由自主选课、激活潜能到形成梯队、发展特色，在兴趣

培养和能力提高方面呈螺旋上升趋势。

少年宫社团课程管理工作QQ群由校长室直接监管，力求不断优化管理，形成固定操作模式——平台选课、引导进班、及时点名、有序放学；品质巡课、互动评价、总结考核，努力落实全程全员全方位育人，通过细节管理保障走班跑课、上课安全。如，各班先确认全员申报走班课程，每班每生课程信息由班主任统一留存，开课前学生由班级分小组排队出发，任科老师和班主任依据德育部门分发的考勤电子表格，及时通报学生到课情况，提醒及时关注并干预，避免特殊情况发生，课程结束后由德育部门总结汇总。

少年宫社团课程为学生打造了健康成长的活动乐园：从懵懂到智慧，从好奇到钻研，从潜能到实力，努力实现南小森林城的校园生态圈里树有树的姿态，花有花的芬芳。

三、课后服务课程——回应需求，品质托管

南门小学森林城校区作为合肥市首批课后服务试点学校，于2017年率先开展了课后三点半民生服务项目。学校以普惠作业托管、灵鹿微课堂、灵鹿艺术团、灵鹿俱乐部为课程载体，认真贯彻落实中共中央办公厅、国务院办公厅《关于进一步减轻义务教育阶段学生作业负担和校外培训负担的意见》文件精神，以服务社会、惠及民生为工作宗旨，继续优化学校教育生态，帮助家长解决难以按时接孩子放学问题，有效促进学生全面发展、健康成长。

普惠托管放学后，学生们自觉前往课程指定功能教室，或参与俱乐部运动课程或参与艺术团项目训练或参与健康、科技、美术、文学等种类个性化课程，老师们教得用心，孩子们学得开心，家长们自然就安心了。经过几年的管理实践，学校课后服务工作管理初具规模，总结创新"课后服务六步骤"，并在实施过程中不断优化、规范管理制度，紧抓每个管理细节。

步骤一：学期课程整体规划。①校内资源调查及整合——主要针对学校教室场地资源、校内老师特长、学校教学设备等，为课后服务做好资源保障；②投放家长问卷——了解家长和学生实际需求，结合学校实际情况进行课程设置；③遴选机构课程——学校课后服务领导小组在经过教体局资质审核的机构中选定具体课程，进行排课。

步骤二：家长进行平台选课。①提前进行家校沟通——由各班级班主任向全体学生家长告知学校课后服务工作安排，包括课后服务方式、统一选课的时间、课程种类、相关费用、安全保障措施等信息；②发放家长一封信——信件内容涵盖教育主管部门指导文件精神、学校课程设置、选课具体操作流程及平台沟通方式等详细信息。

步骤三：课后服务巡课管理细化。①固定课程管理教师，明确课后服务管理制度，制定课后服务特色课程考核方案；②深入课程群，了解各班活动开展情况及存在问题，根据课程实施情况及时反馈、调整相关课程；③实行"管理教师+课程机构"负责制，及时应对相关赛事或其他问题。

步骤四：课后服务前期沟通会。①课程机构负责人及教师进校园，明确教室位置，了解学校课程管理和考核评价等要求；②家委会代表进校园，了解基于家校需求下的课后服务工作安排，进行宣传、反馈等前期准备工作。

步骤五：课后服务工作推进。①组织有序保障——发布南小森林城课后服务固定时间安排，实施错峰放学；②学生安全保障——各课程安排专人值日负责考勤、巡堂管理及组织放学工作，安排固定人员参与校门口安全保卫工作，加强学生活动安全管理，确保学生安全；③课程质量保障——课程管理教师进行每日巡课记录，课程授课教师为每位学生建立成长档案，课后进行课程反馈，期末进行评价，授课教师需进行课前点名和课后管理群内相关打卡反馈，课程结束需提交课程作品展示（活动）、课程方案等材料。

步骤六：课后服务总结评价。家、校、社合作，在学期末以问卷星形式对学校课后服务项目实施情况进行评估验收。学校结合过程性巡课反馈、学生对课程的喜爱程度以及家长对课程的认可程度三个维度进行考核，反馈课后服务课程开展过程中的亮点与不足，对下一学期的课后服务方案进行优化。

目前，南小森林城教师课后服务参与率达到100%，全体教师以耐心、真心和爱心，用心守护，通过课后服务课程的精细化管理和课程质量的提升，为孩子的健康成长全力护航。

四、节日庆典课程，建立传统文化自信

创设有深刻体验感和有意义的校园生活，是教育的意义所在。传统节日作为文化瑰宝，承载着丰富的历史文化价值。通过节日庆典活动，学生能够深入了解中华传统文化的内涵，树立文化自信，提升传承责任和使命感。以"儿童视角"将节日庆典转换为合理化、系统化的校园活动，是学生面向未来成长的重要基础。南小森林城将每一次节日活动作为项目化学习推进，从了解历史背景，到传统饮食、风俗习惯，再到网络查询工具，信息安全教育，每一次庆典活动都很真实地在课堂中、在校园中发生：端午立蛋、包粽子，中秋做月饼、猜灯谜，新年写春联、包饺子……在学校的育人场景中，节日活动与课程生活融为一体，信息整合、合作实践、分享快乐，每个学生都有机会在体验中收获，在收获中成长。每个学生都期盼被看见，被听见，被肯定，被鼓励。

校园的钟声缓缓响起，又一年的岁月悄然流逝。南小森林城每一年的元旦联欢活动给一年的学习工作的尾声留下最浓墨重彩的一笔，给新年伊始致以最热烈的欢呼。如2022年联欢会以"弘扬传统文化，喜迎元旦佳节"为主题，利用家校社资源，引导鼓励孩子了解中国传统文化，根据实际情况开展有创意的动手实践和联欢活动。早在几天前，孩子们就开始为这场盛宴准备起来了：节目报名，选拔主持人，同学们相约在一起排练，借道具，备服装，装点教室……忙得不亦乐乎。

一大清早，穿着各式各样汉服和少数民族服装的孩子们活跃在校园之中，老师们为孩子在不同的校园打卡点留下了自己最欢乐的样子。联欢会时，学生们展示个性自我的主场：独舞、双人舞、群舞，古典舞、街舞、现代舞，戏曲、古典乐、流行乐、民谣、说唱、童谣，等等。除了传统歌舞项目，各班孩子们还展示了武术、书法、茶艺、戏曲、快板、花式篮球、魔术表演等，看得人眼花缭乱，喝彩声此起彼伏。各种乐器齐上阵，歌也歌不尽，舞也舞不完。这时候的孩子是最真实的孩子，这时候的快乐是最无忧的快乐，老师们只需要欢笑着陪伴、与孩子们同庆。来自六年级的家长朋友特意为孩子们带来杂技《太空漫步》，这是在传统杂技爬杆及力量技巧上创作而成，他用身体力量在空中勾勒出一幅幅高难度的美好画面。鼓掌声，赞叹声，现场人声鼎沸，阵阵欢呼不绝于耳。

五、成长仪式课程，记录重要生命节点

在学校教育中，仪式感是很重要的事情，它承载着学校的教育符号、教育理念，仪式感以其打动人心的情感体验和价值引领，发挥着独特的教育功能。学校给予学生仪式感，创造了记忆，凸显了意义。南小森林城教育仪式感随处可见，入学礼、开蒙礼、成长礼、毕业礼，甚至每学期的开学，都被用心的老师们赋予美好的场景和意义。仪式感的加持，让学生的校园体验感更美好，也让校园课程生态更加积极向上，管理更加高效。这便是教育的力量。

2023届六年级学生的毕业礼是一场精心策划的露营。学校行政班子多次实地考察、研究可行性方案和制定安全预案并反复推演，使得本次毕业礼成为六年级学生津津乐道，终生难忘的回忆。这场主题为"拥抱未来，向快乐出发"的毕业礼，是学校送给六年级孩子们一份成长的礼物，希望以自然体验型的环境教育，启发学生自主学习和实践精神，帮助学生拓宽视野，走出舒适圈，以应对快速变化的未来。

生命的力量在脚下，行走的课堂在路上。在校园，书本是世界，在

校外，世界是书本，这是一次快乐的出行，更是一节行走中的学习课堂。跟随导游的脚步，同学们轻踏着古镇街巷的青砖，感受历史的沧桑。在导游的讲解中，聆听人文的厚重，在高墙黛瓦间，课本中的人物映入现实，他们奋斗的精神在孩子们的心中扎根，生长。

游览结束后，同学们分小组，带着分发的启动资金进行采买。这让孩子们真正做到知行合一，是对孩子们口语交际、创新思维、团队合作等能力的多重锻炼。学生在活动过程中感受集体的力量，真正形成适应未来社会发展的必备品格和关键能力。吃过午饭，到达营地后，同学们迅速放好行李，在教官的带领下，开始为期半天的团队训练活动。集体生活培养出来的团队观念和整体意识也是孩子"长大成人"的重要标志。傍晚，在漫天红霞下，同学们领取帐篷物资，合作搭建属于自己的小屋，铺好床褥，开始"独立生活"。

对于孩子们来说，人生中有很多重要的时刻，除了生日和特殊的节日，还有一个具有仪式感的时刻——毕业晚会，这是和朝夕相处的伙伴最好的告别，是为这段经历画下圆满的句号，是打开人生下一篇章的转折。舞台上的节目是每个班级的风采展现，舞台下集体的大合唱是集体对未来期望的共同发声。荧光棒、萤火虫、蛙鸣、蝉唱，以及校长亲手点燃的篝火都是对未来最好的祝愿。

第二天的晨曦中，伴着青草的香气和露珠的晶莹，同学们从帐篷中醒来，依然带着昨日的兴奋，孩子们在老师和教练的指导下有条不紊地收好帐篷，继续丛林挑战，在攀绳中锻炼意志力，体会不轻易放弃才能成功的喜悦。

孩子们通过校园活动产生共鸣，才能唤醒其内心深处的动力，成长中被赋予美好意义，学生们感受美好，体验美好，继而才能愉悦地创造美好，传承美好。

六、研学拓展课程，助推学习真实发生

大自然是最好的课堂。为全面实施素质教育，进一步落实教育部《关于开展中小学学生研学旅行试点工作的函》和安徽省教育厅《关于开展中小学生研学旅行试点工作的通知》精神，南小森林城基于校情，从实际出发，努力挖掘合肥作为综合性国家科学中心、国家先进制造业基地的优势，展示合肥"科教之城、创新之邦"的独特魅力，让学生走出校园、走向社会、走进自然，感受风土人情、人文历史、社会变迁；帮助学生全方位体验合肥科教特色，触摸合肥工业文明，感受合肥的文化底蕴，培养热爱家乡、建设家乡的自豪感、荣誉感、使命感。

表5-1　南门小学森林城校区2023研学课程单

年级	课程主题	出行目的地	课程内容
一年级	春日物语·种子的奇妙世界	祥源花世界+星球花园	【自然教育科普】参观游览博物认知 感受植物之美与园艺艺术之美的首选之地。【植物种子初相识】种子与人类文明用图片的形式分别展现植物植株和种子的样子。【实践活动】制作多肉糖果 乘坐小火车（观光车）前往花世界，畅游精灵花园、女神环廊广场、童乐谷
二年级	逐飞行梦想·探蔬中奥妙	三十岗无人机+刘一盆现代农科基地+三国遗址公园	【三国新城遗址公园】参观新城文物陈列馆、金虎台、聚贤堂、满宠草堂、东侧门遗址、练兵指挥台、兵器铸造窑址、屯兵营遗址、饮马池等景点。走进【刘一盆】盆菜基地——蔬菜科技馆,聆听企业简介,它的发展脉络和企业使命

年级	课程主题	出行目的地	课程内容
三年级	寻春光烂漫·致劳动光荣	长丰·马郢	身体力行参与劳动,感受劳动魅力:烤山芋,品尝春日美味;课程延续,蔬菜成长:定制蔬菜成长计划,专业课程指导,见证蔬菜妹妹的春生夏长;探寻"植物染"的秘密:染一条全世界独一无二的蓝手帕;古法磨豆浆:在磨盘转动中,体验古早美味的快乐;创意簸箕画,捡拾春日素材,定格美丽春天
四年级	拥抱绿水青山·不负花间桃源	庐江白云春毫+天鸣花海传统文化	沉浸式体验传统茶文化魅力——《一片茶叶的故事》:体验采茶、炒茶、制茶、茶艺欣赏、品茶过程,通过体验茶农的劳动,品尝劳动果实,感受劳动趣味;全方位徜徉春季花海——在天鸣花海感受粉红色的春天
五年级	蓝山湾里春色浓·凝心聚力正当先	蓝山湾木艺小镇励志拓展	【木艺制作】由专业老师带领学生们了解中国木艺传统文化:认识木工工具,认识木头纹理,木器的造型,了解木艺文化,完成木椅子制作 【大锅灶、户外拉练】体验青春和成长意义
六年级	仰望星空·脚踏实地	肥东欢乐森林科基地及拓展+三河古镇	漫步在三河,赏古镇风情,在杨振宁故居近距离了解科学家的成长故事,在欢乐森林露营,举行篝火晚会,为美好的小学集体生活留下美好记忆

研学活动以杜威课程论作为理论指导:从做中学、从经验中学,主张以活动性、经验性的主动作业来取代传统书本式教材的统治地位。活动即课程,把研学活动做成项目式课程,是学校一直积极探究的方向。

健全组织、规范管理,始终把安全工作作为研学课程落地的重中之重。研学工作由校长室主抓，各部门通力协调，梳理研学明白纸，确保从校级到班级，从老师到学生，从学校到研学机构，无缝对接，没有信息差。出行前、出行中和出行后形成规范操作流程，将课程品质、安全保障作为基石。

全面参与、突出重点，研学活动作为学校重要课程项目，从行政到学科教师，全员参与，学生自愿参与，每位老师都明确自己的教育职责和岗位职责，最大限度发挥活动的育人价值。校长室、德育少先队经过实地考察后，和各级部班主任老师、研学课程团队一起设计出各年级个性化研学任务单，既关注了学生年段特点、匹配实践活动项目，还体现了学科知识的融合，让学生带着问题去探究，享受美景，也收获经验和成长。同时，在出发前一周，各科老师会在课堂中围绕研学主题进行知识储备。

研学课程实施"五育融合，多元评价"，让每个学生在实践活动中都能团结协作，让学生有所思、有所想、有激发、有触动，让每个孩子都能在活动中发光。研学过程中随处可见用笔记录、用手机拍摄的孩子们，他们围绕目的地和研学主题侃侃而谈，研学后他们在课程老师组织下用美妙的画笔与文字来描绘。同时，针对研学承办公司的评价也在持续进行中，级部听取汇报、提问答辩，班主任对出行细节和班级导游进行跟进、评价，学校结合整体工作安排进行调研评价。

研学过程中实践活动种类丰富：劳动教育、体能训练、艺术审美、科技创作，每个孩子的脸上都洋溢着灿烂的笑容，在行中看，在做中学，学到深处是融合，结合实践方真实。

第六章　校园课堂生态

　　每个儿童都是独特的生命个体，拥有独属于自己的生命成长密码，需要我们为他们创造森林生态系统般自由生长、共生共融的教育场域，去激发每个儿童潜能，发现并点亮他们的精彩人生。课堂，是儿童获得知识、发展技能和形成价值观的主要教育场域，也是儿童社交发展、情感支持、发现自我及实现目标的重要场所。那么，何谓课堂生态呢？顾名思义，是指学生和老师在课堂教学过程中的生存和发展状态，以及教师、学生、教学内容、教学方法和教学环境等各要素之间的相互关系和相互作用。怎样的课堂生态能契合森林生态系统规律，能对儿童产生积极的影响呢？

　　为了确保课堂对儿童的积极影响，学校和教师需要努力创造一个有利于学生全面发展，师生共情共融共进，实现教学相长的教学环境，使师生在课堂教学过程中的生存和发展状态积极向上，让课堂里各种生态因子之间的关系和作用健康和谐，呈现出安全、包容、激励与支持性的课堂积极生态。

　　建立理想的课堂生态，核心是教师。教师的教态教法等教育教学艺术，直接影响课堂生态的面貌。"亲其师，信其道；尊其师，奉其教；敬其师，效其行。"师生关系对于课堂积极生态的形成具有至关重要的作用。创设和谐健康的师生关系，使学生拥有良好的情绪去面对学习生活，增强学生的自信心，在课堂上敞开心扉，畅所欲言，以最自然的状态实现三种对话——"同外界的相遇与对话""同他人的相遇与对话""同自己的相遇与对话"，才有机会、有可能成为探究者、思考者、合作者、学习者，让学习主动发生。

当然，真正深入课堂教学内核的是教师教学方式的改革创新，促进学生自主学习方式的优化，唤醒学生的成长动力，实现个体学习成长，让学习真实发生。"以生为本"即以学生为中心，其思想源于教育家杜威的"以儿童为中心"的理念。凸显学生主体地位，关注学生个性化、多样化的学生和发展需求。课堂中，教师面向全体学生，并关注每一位学生个体的发展，提供不同的课堂并行方案，因材施教，唤醒每一个生命的成长动力。这些都需要教师不断加强学习，提升专业能力水平，落实核心素养培育目标。

此外，课堂学习与课外复习、巩固、拓展、练习等是相辅相成的。"时教必有正业，退息必有居学。"其中"正业"即正式课程，"居学"即课外作业。从古至今，作业是教学工作中保障或检验课堂学习质量的一个不可或缺的部分。但过量、过重、过度重复性、无效或低效的作业反而影响课堂积极生态的达成。因而，在重视课堂内生态的同时，须将课堂积极生态延伸到课外，设计单元一体化的作业，开展真实情境中跨学科的实践作业也是必要的。

第一节　创设和谐健康的师生关系，让学习主动发生

见微知著

南小森林城每学期期末都会安排学生进行问卷调查，其中有一项很

契合森林情境的问题——动物形象标签："假如我们的学校是个美丽的大森林，我们每个人都是生活在森林里的动物，你觉得自己是什么动物呢？""在你的眼中，你的爸爸、妈妈、老师、同学，会让你联想到哪一种动物，为什么呢？"问卷试图通过动物形象标签，了解孩子们对自我、同伴、家长、老师的认知和评价，由此分析和判断孩子们的心理安全指数等相关教育生态信息数据。

问卷分析的数据结果比较有意思。比如，低学段的孩子们对自我及同伴的认知评价大都善良可爱，近90%的动物形象标签都是选择"小鱼""小猫""小猴子""小鸟""小兔子""小鹿""百灵鸟""孔雀""小兔子""小蝴蝶"等温顺可爱、聪明机灵且有特长本领或才艺的小动物，比较符合学龄段儿童的性格特点。高学段的孩子在对自己进行定位时，开始倾向选择"大象""骏马""海豚""鹰""八爪鱼"等大型动物，或具有一定威慑力的动物。这体现出他们内心对强大自我的渴望，但这种定位可能与真实现状有一定距离。对于家庭成员特别是爸爸妈妈的动物形象标签，非常明晰地映射出家庭教育生态的影子："牛""大象"等动物形象倾向于吃苦耐劳、认真勤奋、态度温和、循循善诱的家长形象，"狮子""老虎""熊"等凶猛的动物形象倾向于态度强硬、过于强势、教育方式简单粗暴的家长形象，"蜜蜂""绵羊""小猫"等动物形象则倾向于善于和孩子做朋友、亲切和善的家长形象。

同样，对于任课老师的动物形象标签也有类似的几种类型，同时还赋予了学科特点，例如描述音乐老师像"百灵鸟""黄鹂鸟"等有着音乐才华的小动物，体育老师像"豹子""狮子""羚羊""千里马"等一些运动天赋极高的动物，描述美术老师像"蝴蝶""孔雀"等一些五彩斑斓的小动物。

课堂上，孩子们的心理安全指数越高，说明师生关系愈发和谐健康。从孩子们对老师的动物形象标签不难看出，有近20%的孩子认为自己的老师有时过于严厉，令他们感到害怕，就像看到了老虎、狮子这些大型的猛兽，不得不服从，心理上一定会感觉到不够安全。这样的师生关系属于"权威型"，强调教师的权威性和学生的服从性，老师通常扮演专家和领导者的角色，极有控制欲和专制权。这与学生的期待不符，他们最喜欢的老师是和蔼可亲、认真负责、美丽善良、幽默风趣的，与"森林样态"办学理念也不符。而另外80%的孩子给出的答案令人欣慰：有的认为老师和自己都是小白兔或是骏马，老师教授本领，带着孩子们一起奔跑，这样的师生关系属于"民主型"或"协作型"或"导师型"，建立在相互尊重和合作的基础上，教师是引导者的角色，鼓励更多的孩子自主参与，孩子有建议权甚至决策权，师生之间不是上下级关系，更像是伙伴，平等开放，共同制定目标，共同探索学习途径，共同成长，这样的师生关系与"森林样态"办学理念一致。

理想的师生关系应该基于相互尊重、理解和有效沟通，能够根据不同学生的需求和不同的教学情境进行调整，但首先要抓住师生关系建立时的"第一印象"——虽然这些第一印象并非总是正确的，但却是最鲜明、最牢固的，并且决定着以后双方交往的进程。这源于心理学中的首因效应，也叫首次效应、优先效应或第一印象效应。和谐健康的师生关系像是课堂生态里一池有生命力的水，会滋养生命的自然生发，蓬勃向上。

一、和谐健康师生关系的关键要素

和谐健康的师生关系作为教育过程中的重要组成部分，不仅有助于教育教学活动的顺利进行，还能促进学生的全面发展和健康成长。那么，它是什么样子的呢？南小森林城全体师生通过实践与反思，为其绘制了图谱——由尊重、平等、理解、信任、民主、协作等关键要素，共同聚合而成的多维度概念。

要素一："尊重"，是师生关系的基石，也是核心要素。课堂上的"尊重"应建立在很多关系之间。教师对学生的尊重——尊重每个学生的人格和尊严，尊重其个体差异和发展潜力，尊重差异性思考和表现，尊重不同于标准的答案；学生对教师的尊重——教师的人格品质、学术素养、教学权威、教学成果等能赢得学生的尊重；学生之间的互相尊重——不打击、歧视、嘲笑或欺负任何同伴，共同学习，共同成长；师生对多元知识文化、真实情感共鸣的尊重和接纳；等等。

要素二："平等"，是建立在"尊重"基础上的课堂公平与自由。比如，机会均等——课堂上，每个孩子都有平等的机会参与活动，教师关照每个孩子，提供个性化的教学方案来满足不同学生的需求；资源共享——教师合理分配课堂资源，确保每个学生都能够获得必要的学习工具、材料等支持；公平公正的评价——教师评价摒弃个人偏见，帮助学生客观认识到个人的优点和不足，在处理学生之间的矛盾时，保持公正，不偏袒任何一方，以赢得全体学生的尊重和信任；民主决策——为保障师生人格上的平等关系，师生须共建一个有引导的民主和自由的环境，尤其在制定班级规章制度、解决班级事务的过程中，每个学生都能有权参与，充分表达自己的意见和建议。师生人格上的完全平等，在实际的课堂关系构建中很不容易，需要教师放下姿态。例如，在教学时遇到生僻字，老师若是佯装认识，读错了音，岂不闹了笑话，倒不如直面问题，或直接抛给孩子们："这个字难住了老师，哪位同学能帮帮我？带字典的同学可以迅速查一查哦。"教师坦然接受自己的不足，积极面对困境，反而化尴尬为教学契机。南小森林城的老师们一向谦虚有爱、豁达大度，和孩子们建立了真挚的情谊，欣喜地"拜学生为师"，出错了就"大大方方地承认"，主动开展"批评与自我批评"，这样的"师道"会赢得学生更加热烈的掌声和由衷的钦佩。

要素三："理解"，是指师生之间在尊重、平等理念的基础上，"读懂"了彼此，产生情感共鸣。教师须关注每个学生的个性、兴趣和需求（包括情感上的需求），以便更好地为他们提供个性化的教学方案；通过深入的交流和观察，主动进行有效沟通，思考并运用"怎么说，孩子愿意听"，"怎么听，孩子愿意说"的教育智慧，激发学生的情感共鸣，帮助学生自我发现，建立学习自信心和积极的心态，勇敢面对在学习和生活中遇到的困难和挑战，共同成长。"举左手举右手的约定"是课堂教学中的一个经典案例，是教师理解学生积极上进的愿望，保护学生尊严的一个师生协定：如果答案笃定，就高高地举起右手；如果犹豫不定，就低低地举起左手。教师会选择充满信心的学生发言。还有"左口袋右口袋的秘密"也是课堂教学中一个典型的因材施教案例。教师理解每个孩子都有自己擅长的领域以及短板之处，课前会根据对学生基本能力的观察掌握，准备两套练习题。表面上看来好像是随机从口袋里拿出附加题奖励学生，实际上左右口袋有难度之分。当孩子们拿到相应的附加题，很有信心地解答出来，激动地与同伴分享的时候，师生之间的相互"理解"所创造出的课堂积极生态让彼此成长。

要素四："信任"，它是建立关系的基础，是维系关系稳定及和谐的重要因素，是一种强大的力量。当师生相互信任时，彼此会更愿意分享真实的心境，在面对困难和挑战时能适时减轻自身心理压力，保持积极的心态。心理学中有一个实验：背朝伙伴向后倒下，相信身后的伙伴会及时伸出双手撑住自己。这个实验检验了你对伙伴的信任度。很多时候，选择相信别人是需要勇气的，尤其是相信"孩子"。课堂教学中，会遇到学生站起来发言结结巴巴的，朗读课文不够流利的，平时发言很不靠谱却喜欢积极举手的，如果教师把发言的宝贵机会交给他们，温柔地鼓励他们："慢慢说，不着急，你可以的！""再读一遍会更流利一些的，来，勇敢地试试！"可想而知，被激励的孩子会兴奋地再次参与，回味这一次的成功，他们有信心为下一次做准备。当一个孩子被众多同伴指责时，教师是选择相信大多数人，还是选择相信这个孩子。信任需要爱与智慧，保持客观冷静的头脑，给予学生充分的信任，细致分析来龙去脉，会赢得每一个学生对教师的感激与信任。

要素五："民主"，民主精神在课堂上表现为教师对学生主体性和差异性的充分尊重，鼓励学生积极参与课堂活动，大胆发表自己的见解，勇敢质疑，分享观点，培养批判性思维和合作精神。民主、开放、包容、平等的课堂环境，似温润松软的沃土，能萌发出自由舒展的生命。例如，在课堂教学中，为了鼓励学生在课堂上勇敢表达自己的观点，并给予充分的时间和空间进行讨论，教师可以根据学生的差异性进行分组，或允许学生自由选择合作伙伴，或通过民主投票的方式决定小组成员分配方案，采取"大转盘""思维导图""角色模拟""头脑风暴""鱼骨图""互动白板"等工具，确保每个学生都有机会发声。

要素六："协作"，是指在课堂学习过程中，师生之间、学生与学生之间为了完成共同的学习任务而进行的协调与配合。为了让学生在课堂上拥有更多的主体地位，教师需要突破传统思维，与学生建立协同关系，根据学生的学习特点和需求，进行适当的分组和分工，设计小组讨论、合作研究、角色扮演等集体学习活动，并充分运用在线协作工具，确保每个学生都能参与到协作过程中来，实现师生相互促进，相互影响，共同进步。当然，实现课堂协作需要教师具备一定的组织能力和教育智慧，以确保课堂教学的质量和效果。

课堂上建立和谐健康的师生关系，将有利于营造快乐向上的学习氛围，形成和谐的学习共同体，促进学生的全面发展，提高教学质量和效率。师生共建的课堂积极生态将更深入推进以学生为中心和发展个体潜能的教育理念，也将有助于提升教师的教育热情和职业幸福感，从而正向循环服务于孩子们。

图6-1　和谐健康的师生关系图谱

二、良好的师生关系有助于发现儿童潜能

温润松软的沃土才适宜种子萌发，继而开枝散叶，开花结果，让生命自由舒展。倘若土壤过于干硬，会导致种子缺乏适度的水分及合适的温度，种皮无法吸水膨胀，难以变软或破裂，种子就会一直被种皮紧紧包裹着，无法萌发。那它究竟是一株花，还是一棵草，未来会长成什么颜色什么姿态，都永远不得而知。其潜能已被深深掩埋，没有机会展现了。

每一个孩子都像一个未知的种子，良好的师生关系就像自由的沃土，可以为他们提供一个安全、包容、激励与支持性的环境，从而有助于其潜能的自我发现、识别和发展。充盈着良好师生关系的课堂上，孩子们会感到自己被接纳、被尊重，有安全感，愿意分享自己的想法和感受，愿意参与课堂里的一切活动。当他们感觉被老师和同伴信任时，他们更愿意尝试新事物，主动探索自己的兴趣和能力，在遇到困难时也会大大方方地寻求帮助，在面对挑战或失败时，来自教师和伙伴儿的情感支持可以帮助他们保持积极态度，继续努力。教师通过细致观察，可以了解到每个孩子的独特需求和兴趣，为他们提供个性化的关注和支持，包括提供更适合其潜能开发的机会和平台，帮助他们在自己擅长的领域内成长，同时给予积极的反馈和鼓励，帮助他们建立自尊、自信。

观察课堂发言面貌是判断师生关系是否融洽的一个显性切口。若孩子们善于倾听，并能踊跃发言，各抒己见，那基本说明孩子们长期处于良好的师生关系所营造的课堂和谐生态中，已养成了积极思辨、大胆质疑的好习惯。通常比赛课随机抽签执教班级时，老师们都期盼着自己能遇上学生思维活跃的班级。这是老师们都喜欢的课堂，不冷场，师生互动流畅，充满生机。但事实上，并不是所有的孩子都喜欢举手发言，都敢于或愿意在公众场合表达自己的见解，尤其是表达不同的见解，更需要勇气。至今还记得我作为省特级教师赴大别山送教的经历。偌大的一

个会场，一百多个孩子在老师的安排下，挨挨挤挤地一排排就座。每个孩子都很认真，眼神里透露着兴奋之情，但表情看上去很紧张，两臂交叠落在桌上，坐得笔直。课前暖场互动时，无论怎么调动气氛，孩子们大多不好意思地抿着嘴不说话，连笑都压抑着不敢露齿，更不敢举手发言了，有那么几个回合就是端坐着，你看看我，我看看你，欲言又止的样子，让人很着急。在课程推进中，经过激趣导引、情境渲染，终于有孩子开始举手发言了。试想，他们平日的课堂是怎样的生态，使得他们对公开课发言产生了惧怕，或是习惯了听从，习惯了不发声，习惯了没有自己的观点？

勇敢，并不意味着没有恐惧，而是在面对令人害怕的场景时，仍然能够坚定地发声、采取行动。谁都不是天生就如此勇敢——成年人中尚且还有胆小怯懦、不愿公然发声的，更何况年幼的孩子。勇敢是需要通过学习和经历逐渐培养的，需要给予一定的支持和长期的锻炼。就像前面提到的"举左手举右手的约定"案例，师生之间的悄悄约定就是一种温暖的支持。伴随着老师持久的鼓励、信任与期待，孩子们才会从紧张的状态中渐渐松弛下来，恢复到更自然、更舒展的状态，逐步彰显个性，释放潜能。作为教师，应当具备足够的爱心、耐心与智慧，抓住每一颗种子萌发的契机。比如，当看到一个孩子颤巍巍地举起手的时候，或是眼神紧张却期盼地盯着老师的时候，或是左顾右盼、观望同伴反应的时候，老师就可以尝试着请这个孩子发言，他可能需要一个机会，正等待一个机会。当然，更重要的是，这次机会一定要成为他的美好经历、成功体验，而不是失败和打击。老师要想尽办法让他自信满满地坐下，哪怕说得不正确、不完整、不圆满，也要找到其优点进行表扬，类似于："这个问题很难，你不畏惧、不胆怯，勇敢举手表达你的理解，必须鼓掌！""这是你独立思考的结果，老师很佩服，那其他同学又是怎么想的呢，咱们一起听听好吗？""你的声音很响亮呢，而且字正腔圆，大家都要向你学习！""没关系，敢于说出你的真实想法，就值得点赞！"孩子被夸奖，自己的努力被认可、被看见，就相当于拥有了一次成功的体验，那么，再接再厉就不是难事儿。未来是否能培养出一位自信的演讲者、言辞犀利的辩论选手、侃侃而谈的学者等都不重要，重要的是，长此以往，孩子们的自信被点燃，会更主动地参与到学习活动中，隐藏的潜能才会慢慢被激发出来。

很多时候，孩子们之所以不能激发自己的潜能，根本原因是他们在一次次地被否定、被蔑视、被压制中，慢慢变得不自信。其实，每个人都是自己命运的领航人，低估了自己，会让自己错失良机，错失精彩。当孩子怯生生地在课堂上不敢举手、不敢大声表达时，就是在提醒老师们，抓紧时间建构良好的师生关系，赋予孩子们穿越困境时必备的、坚实的、富含智慧和勇气的盔甲吧！

第二节　变革教与学的方式，
深入课堂内核，让学习真实发生

见 微 知 著

有一种课堂场景，作为听课教师一定感受过：台上的老师激情澎湃地讲课，讲台下面为数不多的孩子在和老师互动，更多孩子的心思早已游离于课堂之外，可谓姿态万千：有的目视前方，若有所思的样子；有的舒服地半靠在墙边，悠然自得地望着窗外，手中的笔在大拇指、食指、中指的灵活推动中转来转去；有的和同桌在一起小声嘀咕，神情生动而放松；有的独自一人拿着文具自说自话，陶醉其中。他们时而沉浸在自己的世界里，时而因为老师的语调转换，或内容有趣，或播放课件视频，才会偶尔抬头听听课，看看发生了什么。

心理学家卡尔·罗杰斯将这样的学生称为"课堂上的观光者"，他

们被教师忽视，进而被冷落，从不参与，从不兴奋，也从未被看中，仅仅待在课堂上而已。究其原因，有诸多方面：有的孩子是被倡导提前"赶跑"的焦虑家长催熟的产物，课堂所教内容大都是他们早已感受过却半生不熟的"夹生饭"，兴趣全无；有的孩子因为基础不扎实，或学法不得当，学得吃力，跟不上大部队节奏，跟着跟着就掉队了，索性"躺平"；有的孩子缺乏行为习惯养成，或因为身体心理方面原因，注意力的持久性不够，坐不住，容易分心受干扰；等等。义务教育阶段不同学校的现有学情的确存在差异，这给班级授课制下的集体教学带来一定困难，但面对现状，教师对课堂边缘学生的全然不顾，对课堂生态的视而不见，坚持固有的习惯套路来教学，更令人揪心。这一天天、一节节在缺乏关注、缺乏教法学法适应性变革的低质量课堂教学之后，孩子们对学习的兴趣、持久热情何在？更何谈学习力、学习品质的提升？

社会经济发展的全球化背景下对未来人才需求的变化，以及家庭和社会对教育史无前例的关注程度，促使当下课堂教与学的方式变革与创新。教育应更加关注孩子们的全面发展和个性化需求，更加注重对创新能力、批判性思维能力、沟通能力、终身学习能力的培养，从而培养出能适应未来发展的具备正确价值观、必备品格和关键能力的社会主义建设者和接班人。

OECD 教育研究革新中心的伊斯坦（D. Istance）和杜蒙（H. Dumont）教授基于人类学习本质的分析，归纳出：以学习者为中心，促进他们的学习参与，使他们能够理解作为学习者的自我。因为，知识总是借助学习者的活动建构起来的。这一重要的结论使我们从聚焦"教师怎么教"，转变为"学生怎么学"，从以教师中心转为以学习者为中心的学习环境建设，让学习真实发生。

一、教学评一体化，提升课堂教学高质量

"以学定教，以评促学，以评促教"教学评一体化理念强调教育应该以学生为中心，通过教学和评价的相互促进，实现学生的全面发展。"以学定教"旨在根据学生的实际情况，如知识水平、认知能力、课前储备、接受新知识的习惯等，来安排教育内容，设计教学方法，以满足学生个性化需求，帮助他们在原有基础上取得进步。"以评促学"和"以评促教"，不仅仅是对学生学习成果的检验，也是对教师教学成果的检验，更是引导和激励学生如何学习、教师如何教学的手段。

作为安徽省教育科学研究项目2023立项课题《基于表现性评价的小学思政课逆向教学设计实践研究》（编号：JK23052）实施基地校，南小森林城开展一系列小学道德与法治系列课例实践研究，初步探索出表现性评价任务及量规的开发程序："明晰大概念—定位目标—提炼核心问题或（及）问题链—设定情境—设计核心任务及子任务（借助GRASPS工具，对任务进行'目标、学生角色、影响受众、背景/情境、作品和标准'六个方面的详细解析）—撰写指导语—编制评价标准—修改完善"，努力实现"教—学—评"一致性，积极推动小学思政课高质量发展。

例如，五年级道德与法治《美丽文字　民族瑰宝》一课，课题组老师们立足大单元主题"骄人祖先　灿烂文化"，进行了评价任务开发的实践探索。如大单元表现性任务："杭州亚运会将在今年9月23日开幕，你能推荐一种可以在开幕式进行展示的中国传统文化元素，并提供展示方法吗？请你以一名少先队员的身份向组委会提出建议。（提示：推荐理由要能准确描绘出该文化的特点，展示方法独特）"评价任务从六个方面进行了详细解构，即目标——探究汉字的魅力（内涵）；学生角色——善于运用汉字元素的"开幕式设计师"；影响受众——观众（如开幕式筹备组或世界友人）；背景/情境——为即将举办的杭州亚运会开

幕式策划；产品/作品——设计方案的表达；成功标准——有理有据、表达清晰、形式丰富（可进一步设计评价工具量规）。

在这个核心任务的推进中，会布局多个角度的子任务活动链，如：可以选择研究汉字的字形演变——思考"汉字蕴含的文化内涵、价值观念"；可以选择收集汉字故事——理解"汉字体现的中华文化发展轨迹"；可以选择查寻汉字的字义——体会"汉字包含的传统观念"等。推进子任务时还会产生问题链，如："从奥运会、亚运会开幕式视频片段中，你发现了哪些共性？""中国文化元素很多，为什么中国会选择汉字向世界展示呢？""如果由你参与设计亚运会开幕式，你会运用哪些汉字元素做设计？"引导学生探究汉字文化魅力的过程中，不断接近单元目标："尊重中华民族的优秀文明成果，能传播和弘扬中华民族优秀的传统文化，激发文化自信和文化自觉。"

这样的课堂反响非常激烈。教师说得很少，而学生积极参与任务的个体表现，及小组合作过程及成果的呈现，都出现了所期望的乐学效果。即便在最后环节里，学生作品的展示很不成熟，但可贵的高阶思维过程已经展示在众人面前，这样的课堂学习才真正属于学生自己。

二、基于学生真实情境的跨学科项目化学习

项目化学习（PBL）是一种以学生为中心的教学模式，是引导学生通过参与设计和实施真实世界的项目来学习和应用知识。其基本步骤分为：选择项目—制定计划—实施项目—评估结果—展示成果。这种方法强调了学生的主动性和创造性，通过探索和实践，在解决问题的过程中，主动联结不同学科的知识、内容和方法，既看到不同领域之间的学科联系，又促进了更全面更综合的理解和学习。同时，此模式课堂中需要创建学习共同体，促进深层次学习。

学校思政教研组的李心怡、武雪老师和信息科技教研组的代文侠、范晔老师，在大中小学思政课一体化教学以及加强课程思政的背景下，

好的教育是森林的样子

与安徽大学人工智能学院的邱教授团队，共同设计了一节信息科技课和思政课的融合案例。课前调研时，老师们发现，以"核心家庭"为主的现代社会背景下，大多数学生对大家庭内部各种关系和称呼的感知与理解有困难。

本课内容是基于小学信息技术第四册第三单元"创意编程乐趣多"的延伸，结合部编版小学道德与法治学科三年级上册第四单元第12课《家庭的记忆》教材内容，选用贴近学生实际生活的真实情境，引导学生利用自己所学的知识解决真实问题。

小学四年级的学生有初步的逻辑思维，在进行了一段时间的创意编程学习之后，具备一定的编程基础。同时，他们也具备一定的观察分析能力，能够在引导下发现问题并讨论解决问题的初步方案。因而，本课教学目标设定为：一是信息意识，能寻找合适有效的平台解决问题，培养对家庭的深厚情感，热爱家庭；二是计算思维，能通过"分析问题—解决问题"设计初步方案，并利用编程尝试解决问题，并验证优化方案；三是数字化学习与创新，能够利用数字化平台获取、加工、整理信息；四是信息社会责任，通过了解家庭成员之间的关系与称呼，知道自己的成长离不开家庭，能够体会父母的养育之恩，并理解信息科技给人们生活带来的影响，并在力所能及的范围内利用信息科技给他人提供帮助。

教学时，重点关注学生能否根据发现的问题，对问题进行抽象和分解并进行算法设计（这也是教学中的难点），最终形成解决方案，并完成程序的编写；同时，在解决问题的过程，帮助学生选用合适的工具或渠道获取信息，最终了解家庭成员之间的关系与称呼。通过这一过程，学生能够体会到自己的成长离不开家庭，体会父母的养育之恩，并努力成为家庭的好成员。

导入新课时，以生为本，回归生活，创设情境："我们每个人都有一个温馨的家，从爷爷奶奶到爸爸妈妈再到我们，我们的家庭就像一棵根深叶茂的大树。在你的家庭树上有哪些家庭成员呢？谈谈你的家。"

148

学生在"家庭树"的情景创设中，调动已有经验，在讨论中初步感知家庭成员以及对家的情感和理解。接着，播放情境动画，抛出问题："填写家庭树的时候，你遇到什么困难了吗？"这么多亲戚，能准确地称呼出来的确很不容易。学生提出家庭树上有的分支不知道怎么填，平时，也有遇到亲戚叫不出称呼的情况。于是，组织学生以圆桌讨论方式，一起商量如何通过信息技术和工具解决问题，引出本课学习内容——"家族称呼"计算器。

需求已分析，那就设计方案吧。问题是，一个可计算家族亲戚关系的计算器应该怎么做，需要实现哪些功能？小组展开讨论、分析、汇报，如输入"爸爸的爸爸"，就能够输出答案"爷爷"，且能清空，再次计算。教师总结学生的讨论结果并板书："输入-输出功能"，"能够重复进行'输入输出'"，然后推进小组进一步讨论，并提醒：联系前面学过的相关案例，可以借助数字化平台查找资料，解决问题。各小组基本问题都会涉及："输入-输出功能具体如何实现？""想要实现这个功能需要准备些什么？"于是，学生回顾旧知，进行知识迁移，结合之前学过的"运动会奖牌查询系统"案例，提出了"输入-输出功能"的解决方案，学生的数字化学习与创新素养显著提升。教师此时再对学生的汇报结果进行总结：需要使用"列表"进行查询，从而实现"输入-输出"的功能。

学生们激动万分，迫不及待地开始细化方案，编写脚本："需要几个角色？""每个角色需要分别添加哪些脚本？""分析确定需要的角色。"教师适时引导学生通过对程序的分析和流程图的绘制，将抽象的逻辑具象化梳理，提升计算思维。如："分析角色，梳理逻辑"环节，先出示家庭树示意图，进行课堂抢答：①爸爸和妈妈是什么关系？图中还有哪些人是这种关系？（添加法律常识小链接：爸爸和妈妈来自不同的原生家庭，他们建立深厚的感情，在民政局进行婚姻登记并成为夫妻，组成新的家庭，这是受法律保护的夫妻关系）②妈妈和外婆是什么关系？图中还有哪些人是这种关系？（父母子女关系）③图中还有哪些关系？哪些人是这种关系?(如兄弟姐妹、祖父母与孙子女的关系)通过游戏化、活动化的抢答,帮助学生理清家庭树中人物关系逻辑,为绘制流程图做铺垫。

根据绘制的流程图,引导学生分析程序功能实现的关键部分——列表:"需要几个列表?""每个列表中需要存储哪些内容?"学生思考讨论,结合亲戚之间的关系逻辑,将家庭树绘制完整,再设计列表,参照家庭树填写表格,如:"爸爸的爸爸=爷爷"。有能力的学生可以增加层级列表:"用家乡话读一读",如"外公外婆""姥爷姥姥",目的是引导学生共情,理解不同的地方有不同的称呼,虽然称呼不同,但都饱含对长辈浓浓的敬意。浓浓的乡音背后是浓浓的乡情,培养学生对家庭的归属感与对家乡的归属感。

在此基础上,教师引导学生将准备好的列表导入程序,编写程序并测试,接着演示作品,组织评价,然后进一步修改优化程序,最后再进行作品展示。"家是最小国,国是千万家。"一堂跨学科融合案例,让孩子们绘制了家庭树,学着制作了"家族称呼"计算器——就像是亲情计算器,承载了家带给我们的幸福和温暖,让孩子们懂得"无论身在何处,家永远都是我们身后最坚强的后盾,我们一生都离不开它,都爱她"。

三、创新教研与实训,提升教师课堂专业素养

话说两匹狼同时来到草原上:第一匹环顾四周,没有看到牛羊,非常失望;第二匹兴奋异常,因为它看到了草原,知道有草原的地方,就一定会有牛羊。前者只是有"眼睛"和"视力";后者有的是"眼光"和"视野"。只有站在高处和远处,才能视野开阔,具有清晰、明澈、富有洞察力的眼光。教育领域同样需要视野和眼光。

教育须面向未来。然而,未来已来——当我们还没有做好充分准备的时候,未来已至,且马不停蹄地继续向前奔赴。日新月异的科技发展

将世界变得多元而陌生起来，充满了更多的未知——人类从 IT（信息）时代进入了 DT（数据）时代，很快又进入 AI（人工智能）时代，AlphaGo、ChatGpt、Sora 等人工智能技术一次次刷新了人们的认知，我们无时无刻不在接触新的事物、新的理念、新的变化，如同被裹挟在席卷而来的未来浪潮中，稍立不住，就会被卷入深海或被无情地拍到沙滩上。那么，如何以"勇占鳌头破浪行"的姿态迎接未来呢？唯有变革。

南小森林城的教师队伍非常年轻，面对未来教育新趋势，须创新教研和实训的理念导向，多渠道、多方法、多角度来提升教师的课堂专业素养。学校通过各年级部的教学资源分享、青蓝工程师徒结对、常态化推门听课、专题备课研讨等活动，让新教师快速进入工作状态，站稳课堂；通过共读一本书、共上一节课、共研新课标、共磨一项基本功等系列"青训计划"让青年教师快速成长，精彩亮相课堂；组织制订个人成长规划，识别目标潜能，借助教坛新星、教学能手等赛事复盘及外出学习培训分享交流等方式，发挥辐射价值，量身打造名师团队，造星光璀璨之势，领航课堂。

每学年开学初，南小森林城即刻更新一批"新师父""新徒弟"青蓝结对，开启一段共学、共成长的美好旅程。"徒弟"随时提疑，"师父"及时解惑。虽然一一结对帮扶，但每一位"师父"的常态化课堂上，经常会涌现一批"徒弟"，大家争先来取经，似小蜜蜂博采众花蜜，成长自然迅速。"师父"手把手地带，"徒弟"一课一课地跟进，磨课操练，寻出自己的风格再亮相。常见"徒弟"亮相课上，"师父"带领团队认真"听评议"，上课 40 分钟，评议长达几个小时，甚至跨年级交流分享，长达几日。"徒弟"们收获的不仅仅是这一堂课，而是由这节课生发的种种教育智慧。除了青蓝结对那天，师徒互敬相赠一杯热茶和崭新的听课记录本（扉页是师父寄语），"徒弟"们还会组团在教师节奔波两校区，去看望自己的"师父"。捧着鲜花笑盈盈的"师父"们被"徒弟"们簇拥着的那一刻，很是温馨。

曾经击败人类职业围棋选手的阿尔法狗（AlphaGo），其主要工作原

第六章 校园课堂生态

151

理就是"深度学习"——机器学习的高级阶段，通过加深网络，提取数据深层次特征。深度学习的概念源于人工神经网络的研究，其通过建立神经网络模型，模仿人脑的运行机制来解释数据。人类的"深度学习"究竟是怎样的模式？在课堂教学中，如何引导学生进入自主的、无监督的"深度学习"？这些都是南小森林城课堂教学研究的重点内容。

南小森林城的教研组活动是以每月一次大教研、每周一次集体备课，组织研读新课程标准，详细梳理教材，关注单元目标，关联单元一体化，增加思维交集碰撞，在大量的课堂事实现象特征中提炼规则、规律、价值、信念等概念，汇集全年级教师集体智慧，共同设计、共建、共享教学资源，共同探究激发学生深度学习的、有生命力的课堂教学模式。依据"独木不成林，一花难成春"的哲学思想，南小森林城以特级教师、教坛新星、学科带头人、教学能手为领衔人，成立8个名师发展室，各吸纳8～10位核心成员，开展课堂教学专项研究活动，以名师引领团队发展，辐射全体教师成长。例如，潘姗姗名师发展室一次"建构思维"主题研讨活动，引发了团队的集体思考。《跳水》是部编版五年级下册第六单元的第三篇课文，本单元以"思维的火花"为主题，意在引导学生树立结合实际思考问题的意识，知道要根据具体情况选择恰当的解决问题的办法。潘老师设计了学习逻辑："自学"——以人物为轴，重温课文架构；"合作学习"——以"心情"为线，感知思维发展，在猴子、水手的"笑"和孩子的心情变化之间建立联系，探究孩子是如何不知不觉走上桅杆顶端横木的，逐步发现水手的"笑"在推动情节发展中的作用；"同桌探究"——以"船长"为匙，探索思维奥秘，由船长的做法切入，全文探寻船长的想法，提炼关键信息，梳理船长在儿子危在旦夕那一刻观察到的情况，揣摩他作出决定时的想法，一步步地梳理船长的思维过程，进而说出船长所用办法的好处；"合作学习"——以复述为主，延续思维精彩。这场关于建构"思维"的课堂文化探究，让老师们发现隐匿的思维如何在课堂上可见、可教、可学，体现了"深度学习"的过程。

第三节　创新作业设计，从课堂走向课外

见 微 知 著

　　周末，到书店里寻几本好书。规格不大的店面，却也熙来攘往。一些家长在书架前摸摸这本，挑挑那本，踌躇怎么给孩子选择课辅："现在'双减'了，学校作业布置得那么少，我真不放心！这不，来买几本，让孩子在家做。""是啊是啊，在家不做练习，怎能考出好成绩哦！""这么多类别，也不知道选哪个。""哎，也不知道孩子愿不愿意做哦……"家长的聊天透露出太多的焦虑和对教育改革的不适应、不理解。他们觉得只要加大作业量，成绩就能提高，依然在用老视角、旧观念看待新时代人才培养目标和儿童全新的学习方式。

　　现代教育培养的不是只会机械化做题的高分学生，而是有理想、有本领、有担当，具备适应终身发展和社会发展需要的必备品格和关键能力的时代新人。作业不在多，而在质量，是否能聚焦"核心素养"，培养学生的创新能力、问题求解能力、决策力和批判性思维能力等高阶思维能力，成为每一个学生发现学习价值并发现自己潜能的新机遇。哪怕是课前的预习作业，能引导学生做好上课前的准备，有助于引起学生对上课的兴趣，使学习比较顺利地进行，就是有意义的作业。若是仅限于低阶思维的重复，无谓地追求高速度、高精确度，那是在训练机器，甚至不如"深度学习"的机器。

一、单元一体化的作业设计

南小森林城教研团队提出，作业力求量小质优，做到新颖不失精炼，灵活不失高效。在安徽省首届作业设计大赛中，各学科团队都积极研讨，提供了作品参赛，分获省市级一等奖，成绩显著。

例如，语文学科作业设计中如何体现"带着学生走向知识"，而非"带着知识走向学生"。金晓敏老师带领的语文团队设计了"单元一体化阅读推荐单"，针对每个年级每个单元的特点，推荐学段书目，采取师生共读方式，真正调动学生的阅读兴趣，让他们快乐地徜徉于阅读的海洋，感受语言文字的魅力。同时，还设计了课后参与活动——灵鹿争星闯关单：以校园吉祥物"灵鹿"为伴学伙伴——在每张设计单的右下角都添加了小灵鹿，孩子们在完成作业的同时，能感受到身边一直都有灵鹿陪伴，写作业的过程并不孤单；各年级都有不同设计元素的专属色彩名片——如一年级"温暖"，二年级"清新"，三年级"朝气"，四年级"童趣"，五年级"蓬勃"，六年级"希望"；难度有分层——分为"基础""发展""创造"三个梯度，消除学生作业畏难情绪，激发学生完成进阶欲望，树立闯关信心；形式多样——有标准化勾选、填写，也有口头表达、表演、操作等，有即时性任务，也有专题研究类的长时间定期任务，有独立完成的，也有小组合作或全班协作完成的，有单学科作业，也有跨学科的综合性作业。此项作业设计还采用了特色评价，体现全面育人目标——将"灵鹿争星闯关单"的评价与学校《灵鹿伴我成长》雏鹰成长手册中"德智体美劳"五个方面的任务体系，合二为一，孩子们可以自由选择闯关单中的板块来完成任务，老师根据其完成情况，在其手册相应位置盖上相应的灵鹿章。学校、学科、班级评价的一致性，将个性化学习向纵深推进。

再如，数学学科作业四年级下册《三位数乘两位数》的大单元设计。冷伟老师带领的数学团队认为，本单元是整数乘法的最后一个单元，教材后续不再呈现多数位的乘法，但是学生对整数乘法的学习并不是就此止步，因而要为学生以后自主探索多位数乘法搭建支架——理解三位数乘两位数的算理，掌握其算法，对之前学习乘法的计算方法做总结，知道多位数乘法怎么算，掌握积的变化规律，体会数的运算本质上的一致性（乘法算理的本质是计数单位的累加）。抓住这一核心，不仅能建构出多位数乘法的模型，还能打通整数乘法、小数乘法、分数乘法的隔断墙。本单元也是学生学习建立模型的关键单元，在模型的建构和应用中形成模型意识，为后续进行规律探究和解决实际问题打基础。

因此，设定"以'迁'构'型'，发展核心素养"为单元主题，围绕单元学习目标，设定作业目标："一是在具体的情境中能正确地计算三位数乘两位数，能灵活计算乘数中间有0和末尾有0的乘法，知道乘法竖式每一步的意思，会运用三位数乘两位数的模型解决实际问题；二是能熟练运用积的变化规律口算几百乘几十，会用探究规律的方法思考问题，解决实际问题；三是掌握'总价=单价×数量''路程=速度×时间'，能熟练运用常见的数量关系解决实际问题；四是会用思维导图总结乘法知识，能自主探究多位数乘法的笔算。"为了整体把握单元作业目标分布，突出重点目标，特制定单元作业目标课时分配表，并针对不同的评价维度（知识技能、问题解决、数学思考、情感态度）进行全面评价。同时，为符合"双减"背景下减负增效的理念，设计团队对准目标遴选、改编、原创习题，分设"学有所练""学有所究""学有所移"三个板块，分层设计题目：基础性板块——"学有所练"巩固知识技能；探究性板块——"学有所究"，发展数学思考；拓展性板块——"学有所移"，感悟数学思想，满足不同学生的需要，并力求题量和难度适中。

数学承载着思想和文化，也承担着落实立德树人的重任。本套作业创新亮点很多：体现"大学习"的观念，打破教材原有的单元结构进行单元重组，前后承接，并进行实践应用；通过算理的图示模型、数轴，渗透数形结合的思想；通过规律题目的类比迁移，渗透转化的思想；通过古今中外数学史等，激发学生的学习兴趣，使他们热爱数学；通过设置"书写工整度"评价维度，培养学生一丝不苟、严谨求实的科学态度；通过"观看爱国主义影片""天安门阅兵仪式""高速飞行列车""童耕园劳动课""黄山毛峰""最美宏村"等题目设计，体现"小作业，大社会"的教育观，培养学生的民族自豪感，爱祖国爱家乡，实现育人导向。作业设计从生活情境出发，让学生的数感在潜移默化中不断深化，比如"神舟十三号""合肥地铁三号线""复兴号高速列车""分拣快递小黄人"等，借助情境，让数有"情"可"感"；借助物象，让数有"形"可"感"；借助数轴，让数有"量"可"感"。通过"比一比、估一估、算一算、说一说、写一写"，考查了学生对算法的掌握和算理的理解，体会口算、估算、笔算、简算在特定计算环境下各有优势。作业还能考查学生知识迁移的能力，呈现三位数乘两位数、多位数乘多位数的图示模型，在积的变化规律中呈现符号化的模型，并设计规律探究的题目，让学生经历分析与归纳、抽象与概括的思维过程，树立模型意识，发展模型思想，通过"做旅游预算""淘宝购物""汽车仪表盘"等，将乘法模型、数量关系模型加以应用，发展学生的数学思考和综合应用知识的能力，让学生在问题解决中，用数学的眼光观察现实世界，用数学的思维思考现实世界，用数学的语言表达现实世界。

二、基于节日文化的实践作业设计

作业不仅是课堂的延伸，还可以与生活实践相结合，体现育人功能。例如，南小森林城"跟着节气去劳动"主题活动在各学科课堂教学中的充分落地，尤其是在劳动课程中，以丰富而有趣的系列实践作业，带动孩子们树立正确的劳动观念，体会劳动的价值，养成热爱劳动的习惯和精神。

如，立春节气的劳动实践作业就很丰富。立春，为二十四节气之首，标志着万物闭藏的冬季已过去，开始进入风和日暖、万物生长的春季，与春天相关的各种事物都可以纳入作业。一、二年级做手工作品，比方"糊春牛"——传统工艺一般用竹篾绑成牛的骨架，用春木做腿，再糊上纸，涂上颜料，而现代的做法更多元，孩子们运用美术课上学到的技能，表现出春牛的形象；还可以开辟种植园，照顾小绿植——农谚"立春雨水到，早起晚睡觉"提醒人们立春备耕行动开始了，作物长势加快，抽枝长叶时耗水量增加，要及时浇水施肥，促进生长，孩子们可以跟随家长和老师去童耕园劳动，去乡村体验农耕，在学校或家庭里设置种植区，养护花草，感受春意盎然。三、四年级做美食，比方做春饼、做五辛盘——很多地方都有立春吃春饼、吃春盘、吃春卷、嚼萝卜的习俗（名曰"咬春"）。五、六年级写书画作品，搜集描写立春等与春季相关的诗词书画等，体裁不限，用书法或绘画的形式呈现出来。当然，也可以自选项目进行劳动体验。

这样的劳动实践性作业不再局限于课本知识的重复记忆，而是通过亲自动手操作，将理论学习和实际演练相结合，让知识不再抽象写意，让学习方式更生动有趣。孩子们在解决真实情境问题的过程中，感受到知识的价值和意义，从而产生浓厚的学习积极性和深入探究的主动性。同时，劳动实践活动也增加了孩子们与万事万物之间的联系，加强了孩子们与他人合作的意识，培养了孩子们的责任意识、协作精神，以及关爱生命的品质，也增进了同伴关系、师生关系、亲子关系，以及个人与社会的联结，有助于情感价值观的正向统一。

三、跨学科的主题项目化作业

跨学科主题项目化作业是跨学科学习不可分割的一部分。一方面，它立足一个主题或话题来设计作业，促进跨学科理解、解决问题；另一方面，它注重从学科交融、优势互补的视角促进跨学科知识融合及经验积累，引领学生灵活运用知识解决实际问题，积累生活经验，实现教育效能的最大化，从而为学生的可持续发展奠定基础。[①]

　　南小的跨学科项目化学习探索很早就开始尝试，力求超越不同知识体系，基于儿童真实生活情境，采取"问题提出—问题解决方案—学科知识学习支架—解决问题—再提出问题—优化方案"的基本路径，以关注情境中共同要素的方式来开发学习课程；目的是把受教育者所需要的不同知识体系联结起来，传授对人类和环境的连贯一致的看法，减少知识的分割和学科间的隔离或矛盾，减少知识剧增对课程数量的影响，减轻学生过重课业负担。例如，在自主教育办学理念下，接待国际教育交流考察团时，教师请孩子们站在学校小主人的角度思考："有朋自远方来，你打算如何介绍我们的家乡（城市、学校）？"由此开发了主题为《皖风徽韵庐州情》项目化学习课程，由关于家乡"合肥"的系列科学调查研究牵引，设计了语文学科主导的《家乡味》、美术学科主导的《桥之韵》、数学学科主导的《庐州行》等综合性深度学习实践作业。孩子们在完成作业的过程中，设计并类比了众多"主打景点+习俗体验"的详细且节约的旅游攻略，充分感知了家乡的美食以及家乡人的勤劳善良，欣赏了城市建筑艺术以及城市发展的历史文化，培养了热爱家乡的情感和积极的主人翁意识。

　　南小森林城英语组的老师们一直尝试开展"基于话题的小学英语项目化作业"探究任务，培养学生的创造性思维，提高学生自主与合作的学习能力，促进学生知、情、意、行协调发展。例如，依托人教PEP（三年级起点）教材相关单元话题，秉承"学用结合、课内外结合、学科融合"的原则，结合学段特点，设计以"Healthy diet"为主题的跨学科项目化特色作业。三、四年级学生充分地了解日常生活中常见的食物，并且继续探索食物与身体健康的关联性，从而清楚地认知我们身体各个器官所喜欢的食物；五、六年级学生在此基础上，调查同学或家人的饮食喜好，做成图表进行数据分析，然后评价并形成正确的饮食观

---

① 钱军伟.跨学科主题类作业：内涵意蕴、功能定位与设计要义[J].语文建设，2022（22）：17-20，39.

"营养均衡，绿色低碳"，最后制定健康菜单，和家人一起制作美食。这样的作业设计整合了英语、数学、艺术、道德与法治等多学科知识，突出学科的实践性，又关联生活，积极回应现实生活的需要，让学生在真实的任务情境中获得能力的跃迁与素养的提升。

森林样态的课堂生态，激发学生与生俱来的向上、向善的内驱力，正努力让课堂成为学生生命拔节的地方。

第七章　校园班级生态

曾读过温剑文的《构建理想的班级生态》一书，很受启发。他把班级生态比作一方池塘，分享了班主任构建良性的班级学生成长生态、让学生遇见更好的自己的创意举措。开篇描写鱼儿挣脱鱼缸束缚的梦境，特别引人入胜，回忆中的战战兢兢反映出他在学生时代所经历的不尽如人意的班级生态，以及带来的负面影响。

常人眼中打理好的鱼缸通常是充满盎然生机的，与作者的梦境差之千里——不同观者，成长阅历与心境不同，自然会赋予不同的情境解读。

建立一个生态缸，首先需要好好设计和布置一番，搭配的水草、底泥、石头、沙子、其他滤材、生物、硝化菌等均要达到一个平衡点。比如，水草种植的密度在 50% ~ 75%，既能有效控制藻类，又能为小鱼和小虾们提供足够的躲避空间。除此之外，还需要一个及时给缸内补充氧气的气泵，一个保持适宜流量的水泵，一个能维持缸内合适温度的加热棒。最后，就是需要一缸"好"水——水质清澈透明，无色无味无杂质。

俗话说，养鱼先养水，可见水的重要。如何养出"好"水呢？相关资料表明，关键是建造一个微生物系统：增加沙子等滤材，适宜流量的泵，一套水循环管道，保持 24 ~ 28℃ 的温度，从而繁衍生息出功能各异的菌群——能分别负责把鱼的粪便和食物残渣等有机物分解成氨，再把氨分解成硝酸盐，然后把硝酸盐分解为气体挥发掉或者再还原成氨，同时提高鱼儿的自身免疫力。接下来，在定时、定点、定量地喂鱼、换水、洗沙等过程中，还要经常留意观察水质，适当补充氧气，长期维护就可以了。

万事俱备，就请小鱼儿入住啦！那么，鱼缸里可以养什么鱼儿呢？哪些只能单养，哪些可以混养，养多少只，都有一定的讲究哦。花市里购鱼时常听养鱼商户们建议，体型大小相近的热带鱼适合混养——大鱼吃小鱼、小鱼吃虾米是自然规律，如孔雀鱼、红箭鱼、神仙鱼、红绿灯鱼等小型鱼，养在一缸里互不干扰，或者地图、皇冠等大型号鱼养在一起也基本能和平相处；饮食习性相同或相近的适合混养，否则爱抢食的鱼儿会影响其他性情温和的鱼儿的进食；特别凶猛的或比较胆小的鱼儿最好单养，否则弱者的生存容易受到威胁，如银鲨、彩虹鲨、曼龙、斗鱼等，一缸只能养一条；等等。至于鱼儿的数量嘛，要根据鱼缸空间来决定，一般来说，空间越大，可养的鱼儿数量才能多一些，因为鱼儿喜欢足够的活动空间，才能做到相安无事。

综合以上种种，对比联想学校里的"班级"概念，以及夸美纽斯在《大教学论》里形成的班级授课制系统化理论，会发现建构鱼缸里的和谐生态和建构班级里的理想生态，有太多共性。

"班级"是指孩子们在学校里学习生活的基本单位、基础组织，是学校依据相应标准，将一群年龄相当、水平程度相同或相近的学生聚集在一起，并对其进行统一内容教学的一种组织形式。其内部人员组织设置（班级建制）、长期聚集地（教室）布置、班集体文化氛围、人际关系建构、教学活动安排及管理方式等方面都能符合一定的生态系统原理，保持适宜的温度和清澈安全的水质时，方能适宜班级里所有生命个体的成长与发展。

第一节　让教室时刻充满生命的张力

见微知著

打造鱼缸生态环境时，观察过不少各具特色的缸体及内部装饰，基本上少不了前面提到的那几样。但如何布置才能彰显出缸内生命共生共融的勃勃生机，需要讲究区域组合、大小比例、色彩搭配、空间分割或叠加等布局艺术，哪怕是不同造型、不同颜色的几颗石子儿的挑选和摆放位置都很有讲究。

那么，作为一个班级特有的归属地——教室呢？受常规概念定义的影响，通常看到一块黑板，几张桌椅，明亮的灯光，再加上一摞作业本，就能初步判断这是一间教室。印象里的教室，似乎符合这些硬件条件就够了，但国家对于规范教室的标准认定，其实很详细、很清晰，包括教室面积、高度、布局、空气（通风）、照明和声音等多方面。教室的物理环境要素将直接影响人的生理、心理感受以及身心健康发展，影响师生活动的正常开展，关系到班级积极生态的构建。当然，即便是一间基本硬件条件合格的教室，倘若没有班主任老师的精心布置和维护，也会影响班级积极生态的构建。

记得一次课间，有个三年级男孩跑到校长室来，反映老师处理的事情不公平，表达自己的不理解和委屈。在商量解决方案的过程中，上课铃声打响了。后来，为了让孩子不被老师误会，能顺利进教室，便决定送孩子去他的班级教室，以便需要的时候帮孩子解释一下。一路和孩子聊着，很快就到了教室门口。从前门看到老师正在上课，就搂着孩子的肩膀，上前和老师打招呼。踏入教室时的一瞬间，映入眼帘的一幕让人瞠目结舌，也特别令人费解：偌大的教室里，孩子们坐得齐刷刷的，但是在他们座位正中央上方的天花板上，有一件校服上衣很夸张也很尴尬地悬挂在电灯上，向下耷拉着的两个袖子还在微微荡漾，像是在无奈地喘着气哀怨着。很好奇，站在教室前面上课的老师，目光是如何避开这样的"焦点"，专注投入教学中的？很难想象，教室里的孩子们，尤其是坐在这盏灯下的几个孩子，头顶着摇摇欲坠的校服，是怎样做到置若罔闻、全神贯注地持续学习的？

　　或许你会从另一个角度看待此情此景——教师专注于教学的可敬，学生全情投入的可贵，但事实是这样吗？人处于如此情境中，心里该有多别扭，多不舒适，可想而知。再环顾教室，墙上的布展区空空荡荡，窗台上的花草早已奄奄一息，黑板报上粘贴的作品已脱落大半，地面上随处可见各式各样的纸屑垃圾，教室后方的劳动工具凌乱地堆放着，一把首尾分家的扫帚，一个没有套垃圾袋却已装满垃圾的置物桶，一张堆满了杂物、满是灰尘的讲台……如果把此教室类比成一个鱼缸，该如何描绘它的生态状况？长期待在这样的生态环境里，会生长出怎样的生命个体？

　　诚然，对于师生在校园里待得最久的场所来说，教室应该是一个时刻充满生命张力的场域——窗明几净，井然有序，书香怡人，其乐融融，培育良师益友，促发见贤思齐，激励竞争与合作，实现齐头并进之美好。

一、有意义的色彩

　　色彩是有力量的。色彩的物理光刺激会对人的生理发生直接影响，比如红色，会刺激人们的感官，让脉搏速度加快，血压升高，使得情绪激动兴奋；与之相反，蓝色会给人一种放松的感受，让情绪变得稳定。色彩对人心理的影响也很明显，比如人们所理解的冷色与暖色，其实是依据心理错觉对色彩的物理性分类，而并非物理上的真实温度——频率低的红色、橙色、黄色光，本身有暖和感；频率高的紫色光、蓝色光、绿色光，有寒冷的感觉。冷暖色调还能给人带来更丰富的心理联想，比如重量感觉、干湿程度、软硬度、热胀冷缩视觉空间感等。在艺术创作和设计中，色彩和色调的恰当运用对于表达情感、营造氛围和传达信息，也能起到至关重要的作用。因而，充分利用色彩价值以及色彩心理效应理论，会让教室环境生态更利于积极班级生态的形成。

普通的教室一般都是以白色墙壁、白色天花板为简明的主色调，既能保障自然照明和人工照明系统的效能最大化，又能使学生更长时间地集中注意力。尤其是当教室本身物理条件方面的自然采光效果不理想，造成光感不够的，应在白色基础上增加暖色做调亮设计，可以使身处其中的人心情愉快些，不至于因教室色调灰暗而造成心情压抑，情绪低落。

当然，对于小学生来说，教室里也不能全都是白色，因为白色的对比度太强，容易刺激瞳孔收缩，让眼睛长时间紧张。而且，色彩的过于单一，会让孩子们感觉到单调、枯燥和乏味。室内若有简单明快且和谐悦目的色彩搭配，可以使人心情舒畅，产生兴奋感，减弱孩子们对环境的陌生感和紧张心理，增加师生互动、生生互动的频率，有助于提高学习效率，提高师生的创造力。

南小森林城的班主任群体很年轻，爱学习，富有朝气，喜欢和孩子们打成一片。他们的班级教室都自有风格，会根据班级学生的性格特点，充分利用墙面展板、黑板报、荣誉榜、班风班规旗帜墙、悄悄话信箱、植物角、图书角等区域，进一步完善教室色调的搭配。比如，学生的性格整体上属于活泼好动、个性张扬的，甚至易躁动有攻击性、容易激发矛盾的，班主任会适当选用蓝色、紫色系的冷色调装饰教室，创造宁静祥和的沉浸式氛围，使学生入室即静，遇事不急，平心静气，冷静思考。相反，若是学生整体状态比较沉闷，不够活跃，性格胆小，不爱交流，那么，班主任会尝试用清淡明快的米色、橙色系的暖色调进行墙面布置，提亮教室布局，创设温暖有爱、富有安全感、充盈生机活力的班级之家。在这样的环境中学生更加积极踊跃，也更敢于展示自我。值得注意的是，无论使用哪一种色调，作为教室，色彩都不能过于花哨，否则会分散学生注意力，影响他们的专注度和学习效率。

合肥一所学校的班主任每年给班级教室刷一种主色调，如森林绿自然色调，创设森林里的自然景象，让学生置身其中，犹如漫步在林间，令人心旷神怡。由此不免畅想，各种各样功能独特的教室里，由清新雅致的柠檬黄、清澈透明的湖水蓝、格调高贵的石灰绿等丰富的色彩所营造出的特殊情境，将会给孩子们带来多少富含创造性增值的教育场域。

二、灵活的座位布局

从小到大，印象中的教室桌椅摆放布局大体相同，基本都是前面黑板、讲台，后面是面向黑板和讲台的、齐刷刷纵横并列的一排排课桌椅，通常分为纵向四大组，每个大组都是同桌两人排列，或者单人组纵向排列，没有什么太大差异。随着教育改革的不断推进，学生主体地位的凸显，个性化学习方式的保护和创新，教学目标评价主体的改变，使得教室座位布局与班级生态之间存在着的密切关系，也随之成为南小森林城的重要研究课题之一，不同学科课堂里开始出现座位布局的新改革，如所有学科普适的4人小组"四叶草"合作布局，5～6人小组"桃花瓣""水仙花瓣"合作布局。教室座位布局作为班级生态中的物理环境不可缺少的一部分，可以显著地影响其他生态因素。

比如师生关系建构方面——座位布局会影响教师与学生的亲近度和沟通频率。课堂生态系统中，各种关系之间高频率的动态交往，才能不断促成并加深知识、情感、价值观的形成。传统的教室座位编排以行列式为主，教师只能与部分学生进行交流，教师讲述、学生听讲，教师提问、学生应答，教师评价、学生活动（练习）等，这种一师一生小范围、被动式的双向交往是低效的，师生之间密切关系的建立也仅限于课堂上积极参与的学生。大多数学生依赖个别学生的主动参与，或习惯于听讲、被动接受教育，因而容易远离教师、游离于课堂之外。与行列式座位布局相对应的是，开阔的回字形、U字形、马蹄形、八字形或半圆形排列的座位布局，使教师更容易接触到每个学生，师生目光交流更便捷，有助于建立更紧密的师生联系的同时，也增进了学生之间的互动交流，促进学生间的讨论和协作。学生不再只看到教师，不再只看到同学的背影，而是看到了坐在自己对面的同伴们，能及时捕捉到语言、神情等课堂表现，产生积极的思考和共鸣，让课堂气氛也变得活跃。

比如课堂管理效度方面——座位布局设计的目标是基于教师的教学，还是学生的学习，将决定座位的摆放形态。以教师为中心，选用传统的行列式结构化座位布局，是为了保障教师的教学顺利进行，便于学生的目光聚焦于教师，听从讲授，有利于教师"眼观六路、耳听八方"，维持课堂秩序，管理课堂纪律，关注到集体面貌，监督管理学生学习状态，整体把控课堂教学程序，也让大多数学生有安全感、归属感，学习成果的达成较有保障。但经常如此布局，容易忽略学生的学习主体性，会牺牲学生个体学习的宝贵机会，不利于个性化和创造性学习的独立风格形成，以及未来创新型人才的培养。

再比如促进学生学习参与的主动性方面——不同的座位布局会提高或抑制学生的参与度和动机。传统的行列式座位布局，对于善于视觉学习的孩子相对友好，观察教师或同学示范、演绎，已能满足知识体系的构建、情感价值观的提升、行为习惯及能力的养成所需。但对于一些更喜欢自主体验、行动学习风格的孩子来说，他们可能更需要一个安静的角落，便于独立思考和研究；或者一个站立式的工作站，提供动手实践的机会，提高学习参与度；或者一个小组讨论平台，目标明确，任务驱动，分工到人，全员参与；或者一场主题辩论赛，正反方学生自由组合，分成几个圆桌小组，每组4~6人，合作进行观点支撑材料的积极筹备，精彩实战，论点深入人心，所有支持论据来自学生搜集整理，真理越辩越明固然好，不分伯仲也很妙，学习真实发生在每一位参与者身上。诚然，这种多样化、混合式排列布局中，教师的监管压力无形中增大，学业质量也无法在短期内得到保证。在当前学情压力下，如何以学生为中心，创新课堂教学结构，改善课堂教学策略支持系统，探究教学评一体化设计，需要空间设计、空间动态管理和心理学等方面的教育智慧整合。

教室座位布局是塑造班级生态的一个重要工具和手段。创新座位布局，不仅要考虑物理空间的设计，还要考虑如何通过这些布局促进教学目标的实现。根据课程性质、教学目标和内容、学生需求、学生数量、班级管理策略以及多媒体设备、实验器材和空间限制，灵活调整和优化座位布局，改善班级生态，从而对学生的学习效果、个性成长以及班级文化氛围产生重要影响。面向未来，期待能创新使用可移动座椅和课桌（下面有滚动滑轮和制动器），便于快速重新排列适应主题讲授式讲座、小组讨论互动式、工作坊等布局；加强教室多功能空间设计，配备可折叠、旋转和可堆叠的桌椅等，可以根据需要变为阅读角、实验室、"鱼池"表演区或休闲区；设计结合虚拟现实（VR）和增强现实（AR）技术的自选座位区，提供沉浸式学习体验，以促进学生参与、合作、交流，并适应不同的学习风格和教学方法。

三、独具匠心的教室一角

有别于音乐、美术、科技、信息等功能教室的专业特征，各个班级教室的功能首先得满足一个标准班额学生共同开展学习活动的空间要求，其次得从空间布局、使用功能和文化建设上成为学生在学校的家，除了自己家庭以外，成长道路上第二个重要的家。因此，如何充分利用教室的空间尤其是角落空间，需要站在学生学习生活、人际交往、社会化行为转化等需求角度来科学统筹、巧妙设计、精心布置。

"麻雀虽小，五脏俱全。"小小的一间教室，除了占据大面积的课桌椅之外，图书角、植物角、生物角、红领巾中队角、公示栏、宣传展示栏、主题照片墙、失物招领处、心语小屋等空间也须一应俱全。

张茹茹老师和邱玉宝老师班级教室里，除了学校发给每个班级的一个种植区，都布置了一个独属于本班特色的植物角。张老师的班里是一个三层铁艺花架，高低错落地摆放着几盆生机盎然的植物花卉。张老师和孩子们对这几盆花卉很是稀罕。到她的班级上课时，发现花架经常被移动位置，有时候摆在教室后方，上课过程中时不时映入眼帘，很是养眼；有时候会抬到教室外的长廊护栏边，好像是为了给花花草草争取一点儿难得的和煦阳光、习习和风。张老师带着孩子们一起养护，培养孩子们的责任意识。邱老师班里的植物角相比之下显得很朴实却很壮观——是由班级每个学生独立种植的花盆组成的特别景观。教室的窗台上摆不下了，就摆到了教室外走廊的窗户下面。大大小小、高高矮矮、各种形状颜色的花盆，挨挨挤挤的，种什么的都有，基本都是刚出芽的样子，零散摆放的几盆只有光秃秃的黑土，啥也没冒出来。每次经过邱老师的教室，总是期待看到这千军万马般阵势的花盆里，会绽放出怎样的姿态。

武雪老师班级教室的正前方的左侧墙壁上，设置了"手可摘星辰"学期目标区，就是为了时刻激励孩子们有目标地奋力前进。设计思路很巧妙：使用深蓝色卡纸做背景，表示浩瀚深邃的蓝天；最下方是孩子们张开的手掌印画，向上伸展的造型；上方大块区域是一颗颗金色闪亮的星星，星星贴纸上是孩子们写下的学期目标，营造"手摘星辰"的感觉。整体版面色调明朗，主题意义积极向上，鼓舞着孩子们在实现目标的过程中，与最好的自己相遇。

黄文玉老师班级教室内靠近前门的墙壁上增设了一个特别的置物袋，其功能名称为"电话手表管理袋"，上面横平竖直设置了四十多个小口袋，每个口袋上都印有一个数字，对应班级里每个学生，按照学生学号进行有序排列。这是黄老师为了响应教育部门关于校园"手机"管理政策，针对小学生电话手表的畅行，想到的贴心举措。这样一个重要物品管理袋，既方便学生拿取，又便于课堂学习管理。如此，每天上学时段，孩子们陆续进班，依次摆放自己的作业本和电话手表；放学时段，小组长像分发作业一般，分发同学们的电话手表，这不仅增进了同学之间的交流，还增添了班级趣味。

李玲老师班里的"树洞"是从二年级开始设置的，放在教室讲台上的一个小纸筒——类似陈东华老师班里的"悄悄话"心语信箱，或者李鹤老师班里的"解忧杂货铺"，都有异曲同工之妙。"树洞"概念来源于童话故事中的《皇帝长了驴耳朵》，故事中的"树洞"成为理发师的倾诉对象——向其倾诉而不必担心秘密被泄露，因此保住了性命。李老师借用这个故事，在班级里创设了一个可以安全分享内心想法或个人隐私的"树洞"信箱。班里的孩子们可以选择实名或匿名发布自己的问题或故事，在保护个人隐私的同时，自由地表达自己的情感和想法。"树洞"的洞主就是李老师，她会根据不同的内容、不一样的学生性格，采用适宜的方式对分享的内容给予回应和支持，帮助孩子们解决问题或提供心理慰藉。在豆腐干大的小纸条上，夹杂着拼音和错别字的稚嫩留言，或是分享自己最开心或最得意的事儿，或是倾诉最苦恼的感受以及期待的帮助，或是表达了对老师和同学的喜爱之情，特别真诚，令人感动。"树洞"的存在为孩子们提供了一个释放压力、分享心事的空间，特别是在现实生活中难以言语的话题内容，他们更倾向于用这样的方式寻求理解和帮助，找到共鸣的同时，感受到在困难时刻并不孤单。李老师收藏了每一份"树洞"秘密，并整理记录在教学日志上，成为班级成长记录袋里的重要内容。

荣星星老师和胡小红老师的班级教室外，都有一个精心布置的文化长廊。一个挂满了孩子们和家长亲手制作的彩色工艺伞，随风摇曳，另一个斜拉着几条纵线彩旗，呼啦啦地，迎风招展。一眼望去，由灵动的曲线、直线交织绘制出的独特视觉冲击，真是美不胜收。从这里经过的每位师生都会收获美好的感受。星星老师的班级教室门前还装了一个红白相间的"夸夸信箱"，类似于李鹤老师班里的"送你一朵小红花"，很是夺目。信箱配有小锁，便于信件管理。所有师生发现了班级里的感人瞬间、榜样人物，都可以致信一封。星星老师会在特定时间以特定的方式隆重播报，宣传点赞。后来看到这样的"夸夸信箱"在他们年级楼层陆续出现了好几个呢！

嗯，相信一间时刻焕发生命张力的教室，是具有超级能量的，是能创造出奇迹的。

第二节　让班级精神价值滋养每一个生命

见 微 知 著

只要有时间，就喜欢观察鱼缸里的动态美景。黑白条纹相间的神仙鱼，轻盈的背鳍和尾鳍呈三角形，游动时宛如翩翩起舞的仙子，缓缓前行，优雅平和，在那些喜欢来回穿梭游动的孔雀鱼、天使鱼群中，显得更为气定神闲。与之相呼应的是铺设在缸底的白色、米色或蓝色小石子，以及几块有故事感的造型石。这些在小溪流中、浅河滩上精挑细选捡拾来的石头，无论大小、形状、颜色、石材种类有多么不同，外形轮廓都显得很圆润。脑海中很自然地联想到老子的《道德经》中对水的评价："天下莫柔弱于水，而攻坚强者莫之能胜。"水，不仅滋养万物——就像生态鱼缸中缺少不了一缸"好"水的润泽，而且在其至柔外表下，更蕴含着摧枯拉朽的强大力量。

那么，在班级生态构建中，这至关重要的"水"是什么呢？应该是师生共同认同并遵循的班级精神价值。它包含：倡导着自由、平等、民主、和谐、文明、友善的班级特色文化，让每个生命浸润其中，积极乐观、向上生长；充满着尊重、理解、平等、关爱的班级师生关系、生生关系，让每个生命自由舒展，有安全感，不再时时刻刻小心翼翼、胆战心惊；人人为我、我为人人的班级自治理念，让每个生命自主参与管理，主动责任担当……这些独属于一个班级的精神理念和价值观，具有巨大的凝聚力和感召力。它更多地依赖于每一个生命的主观感受和评价，将通过情绪感染、价值导向、行为制约和信息筛选来统一行动，发挥班集体的教育作用。其可显见的表现形式有：足以体现班级整体风貌的班风、班训、班徽、班歌、班级口号、吉祥物标志、班级活动、班主任育人方略及带班艺术、班级人际关系、班级管理制度、班级评价方式等。

一、班主任是塑造班级精神价值的关键

班级精神价值的塑造离不开一个关键核心人物，那就是班主任——在学校中不仅要承担教学任务，还要专门负责一个班级学生的全面发展，为学生提供全方位的教育、管理和指导的教师。他们在学校教育体系中承担着重要职责，是学生、家长、任课教师和学校之间沟通的桥梁，是班集体成长发展的领航者。

最受孩子们欢迎的班主任具备哪些特点？南小曾做过"我心目中的最美教师"相关问卷调查，孩子们勾选或填写的最美教师的特征有：亲和力强，公平公正，有责任心，有耐心，幽默有趣，教学态度严谨，善于沟通，有爱心，鼓励支持每一个孩子……而对于班主任，似乎需要集结以上所有优点，才能满足孩子们的需求。孩子们喜欢的班主任，在性格、气质、道德品质等方面应具有强大的吸引力和影响力，其人格魅力符号排列在最前面的是：微笑、书本、翅膀、光环、星星、橄榄枝等。

比如，"微笑"——微笑时会释放大脑中的内啡肽等快乐激素，能缓解压力、放松身心、增强免疫力、提升积极情绪、提高工作效率。有魅力的班主任通常更爱笑、更健康、更乐观，遇事不慌张，面对困难总能看到积极的一面。这种心态会通过微笑展示内心的沉着、自信和善

良，营造良好的师生关系，又能传递正能量，影响身边的同仁和孩子们，带领孩子们有勇气迎接挑战，应对挫折。

比如，"书本"——书本作为知识和文化的载体，象征着知识和智慧。有魅力的班主任在孩子们心中是个万事通，饱读诗书，有丰富的知识储备，上知天文、下知地理，赢得孩子们的信任和尊敬；具备敏锐的判断力和分析力，能帮助孩子们解决任何问题；联想能力强，能博古论今，心向未来，随时随地联系当下的任何事物事件，以点到面、以小见大，给予孩子们精神上的启迪和慰藉。

再比如，"翅膀""光环""星星""橄榄枝"等。"翅膀"指的是有魅力的班主任会带领孩子们自由快乐地飞翔，勇敢地追求梦想，在孩子们需要温暖的时候及时给予一个大大的拥抱，呵护每一颗幼小且善良的心；"光环"指的是有魅力的班主任在孩子们心目中，近乎完美且显得神圣，品德高尚，时刻散发爱的光芒；"星星"象征着希望和梦想，是指在孩子们陷入困境的至暗时刻，班主任就像一束能导航的星光，点亮星海，为孩子们指引前进的方向；"橄榄枝"指的是有魅力的班主任会喜欢所有孩子，在公平公正公开的管理模式中，让孩子们明白世界上没有两片完全一样的叶子，能够接纳不同，和平友好相处，懂得相互欣赏，彼此激励，见贤思齐，创层林尽染、全班齐头并进的美好态势。

班主任的人格魅力是塑造班级精神价值的核心，而真正做到持久赢得人心的是智慧的带班方略，包括建立健康和谐的师生关系，创新激励全员的班级管理模式，高效且艺术的家校沟通方法。

张茹茹老师建立和谐师生关系的妙招里有两项很容易复制、模仿、借鉴，那就是"我们一起玩儿""向孩子们示弱"。爱玩是孩子们的天性。课间，茹茹老师会主动加入孩子们的游戏中，一起玩剪刀石头布、写"王"字、跳皮筋"编花篮"、模拟枪战等，还会即时记录孩子们开心游戏的瞬间，在班级群里分享。有的孩子会举着他们的电话手表，给茹茹老师来一张特写，说是让家长们看看他们的班主任老师是怎样跟他们一起"疯"的。和孩子们一起玩，能增进师生情谊，也能了解孩子们之间的游戏规则、相处规则是否会孤立某些个体，及时发现人际关系中的矛盾隐情，还能在游戏过程中的闲聊里，捕捉到班级生态中的积极、消极因子，彼此换得真心。"向孩子们示弱"是茹茹老师从自家女儿那里得到的启示：要想孩子变得强大，家长就不能太强势。老师也是如此，不能过于权威，压制孩子们的自主意识。茹茹老师会经常夸赞孩子们了不起，甚至超过了自己，称呼其为小老师，谦虚且真诚之态换来的是孩子们的自信和感动，更是领悟了"三人行，必有我师焉"的道理。遇到学校举办活动赛事的时候，茹茹老师会向孩子们请教"如何提振信心""如何获得成功""老师可以做什么""失败了怎么办"等等。被需要的感觉是多么幸福啊，孩子们七嘴八舌地贡献着自己的意见和建议，讨论中形成统一思想，制定一致性行动方案。当家做主人的经历让孩子们更加自信和果敢，行动前他们保持良好的心态，行动中他们尽力付出，收获不在结果，重在过程。

能够激励全员的班级管理方式，莫过于人人主动担当的班级自主管理模式了。南小自主教育办学特色中，一直强调培养学生自主管理能力。南小森林城很多班主任也都尝试了"人人都是小班干"的管理样态，让班级里的孩子们都参与到管理岗位中，"人人有事做，事事有人做"，形成人人自主管理，主动担当。班级里设立了各种各样的管理岗位，这些岗位大多来自班队会上的务虚讨论："同学们觉得还有哪些岗位可以为班级服务？"除了班长、班委（分管学习、劳动、纪律、体育、文娱、生活等方面）、课代表、学科小组长、电教员、领操员等常规职务，还有不少"因事设岗"、新开发的管理岗，如：灯长——专门负责开灯、关灯；门长——专门负责开门、关门；窗户长——专门负责开窗通风；窗帘长——专门负责阳光刺眼的时候关窗帘，其余时间扎好窗帘绳；图书角管理员——负责整理图书，登记借阅，发放收集"好书推荐卡"，募集旧书进行捐赠等工作；生物角管理员——负责照顾植物动物，观察记录，宣传新宠等；各式各样的提醒员——提醒课前准备、提醒教室保洁、提醒课间文明游戏、提醒团结友爱；等等。这些岗位都是为班级服务，为同学服务。

为未来而学，为未来而教。丰富的管理岗位锻炼，赋予每个孩子全新的成长空间，让每个孩子都有存在感、价值感。"人人都是管理者"的模式，创设了一个健康、有序的微观社会环境，增强了"人人为我，我为人人"的服务意识，加强了学生自我约束、自律成长，促进了班级成员之间的人际交往能力，发展了团结协作能力，培养了学生的责任心和适应未来社会生活的能力。同时，班级形成了健全的组织形式，各项工作都能良好运行，班主任才能从烦琐的班级事务中解脱出来，提高了工作效率，才能静心生慧。

家校沟通的艺术，决定班主任是"单枪匹马孤军奋战"，还是"统率千军万马一齐冲锋陷阵"。智慧的班主任，会通过一贯的负责任的态度建立彼此的信任度，鼓励家长积极参与孩子的生活、参加学校活动及管理，努力将家长化为同一战壕的战友，而不是将家长推到自己的对立面。和谐沟通的前提是，让家长明确自己和班主任老师是目标一致的共同体——都希望教育培养出优秀的孩子，理应全方位支持孩子的全面发展。有了共同目标，就有了沟通交流的基础了。在此基础上，尊重家长，善于倾听家长的心声，站在家长的立场换位思考，理解他们的情绪和语言背后的心理。沟通的方式很灵活，面谈、电话、微信、QQ、电子邮件等，要根据不同家长的个性需求来选择。

另外，沟通的时间选择也很重要，并不是孩子出问题时才找家长沟通，不是发生冲突时，再请家长来配合解决，而是根据班级学生情况，根据家长的时间安排，有规律地安排愉快而有效的沟通，尤其是当孩子有出色表现时联系家长，这样的情绪价值会让家长对孩子、对自己、对老师更有信心，对老师的信任度也更高。

当真正坐下来开始沟通时，班主任应从孩子的优点和进步谈起，先正面反馈，会给家长心理上带来安全感。等建立了友好的谈话基础后，班主任可以先初步了解孩子在家庭中的状况、特殊的成长经历，对孩子的表现做综合分析后，再清晰表述沟通的背景，提出教育建议。沟通的过程中，班主任要时刻提醒自己保持语言、态度、行为的专业度，不因个人情绪影响沟通效果。

二、班级名片是班集体远航的帆

"名片"在中国经历了"名谒""名刺""名帖""名片"几个历史发展阶段。"名片"概念后期被广泛运用于城市、商业、企业、教育等各个领域。如："城市名片"——将城市独特的文化、历史、地理、经济和社会特征等进行全方位、立体的、具有信息时代高科技含量的整体形象包装，能快速传达城市基本面貌、特色亮点和精神内涵。

"班级名片"的应运而生及悄然流行，也同样是时代的产物，源于班级文化建设中"一班一品一特色"的班级生态建构理念。每个班级如同每座城市一样，应该有自己标新立异的班级个性名片，既承载着班级名称、班级口号、班徽、吉祥物标志、学生人数、班委组织、价值目标、特色活动、管理评价、荣誉成就、师资团队等基本信息，也能全方位展示班级形象亮点，突出班级品牌的差异性、独特性的塑造，是班级精神价值的集中凝练。

例如，刚入职就开始接班的年轻班主任武雪老师，面对的是一个更换班主任较为频繁、班风不稳定、班级生态面貌令人担忧的班级。尤其是班级序号"13"，让学生和家长心目中或多或少地存有一点儿遗憾或不情愿。几经调研，武老师选择了"班级名片"概念入手，进行班级积极生态的建构——她认为班名是一个班级的价值底色，"凝心聚力，同绘班级名片"活动，能尽快让班级形象在全体师生及家长心目中立体起来，响亮起来，成为集体奋斗的目标、前行的旗帜。基于班级文化建设应充分发挥学生主动性与积极性的原则，武老师通过问卷调查、主题班会等形式，组织学生和家长共同设计班级文化符号。她选取《面朝大海，春暖花开》中的表达，做活动开场的情境渲染："我将告诉每一个人，给每一条河，每一座山，取一个温暖的名字。"然后组织商讨，由全班师生家长无记名投票表决，最终将班级取名为"扬帆起航号"，取自"长风破浪会有时，直挂云帆济沧海"之意——此诗句也成了班训。

在此基础上，武老师还带领大家共同设计了班徽。班徽图案主体形象是一艘在大海上迎风破浪航行的帆船。颜色采用红黄蓝绿渐变色表现，红色寓意火焰，代表热情与朝气；蓝色寓意天空，代表和谐与广博；绿色寓意自然，代表青春与生机；黄色寓意大地，代表谦逊与平和。四种颜色的过渡，完美诠释了班级的风采与气度。亮丽的色彩与有力的线条是力量与柔美的结合，是激情与坚韧的碰撞。同时，在大海上一往直前的帆船正象征着不惧困难与挫折的信心。班级代表色为蓝色，既是班徽主打色，也是象征着许多积极而深刻的意向色，能够表达出多层次的情感和品质，如宁静与和平，沉稳与大度，智慧与信任，忠诚与专注，健康与纯洁，等等。班级口号为："十三十三，非同一般；所向披靡，气冲霄汉。"至此，小小名称承载了班级众人共同的理想，在成长的海航征程中锚定了共同的航标。一个班级，有了自己的文化，就变得有血有魂，学生为班级出谋划策、贡献智慧的过程中，逐渐形成集体意识。这张凝聚全体师生家长智慧的班级名片，是班级成员共同的身份象征，作为班级的"精神坐标"，增强了学生的集体认同感、荣誉感、归属感和自豪感。

班级名片中的班徽设计堪称灵魂之眼，通过专业的视觉设计，传达班级的个性和风格，浓缩了班级文化的内涵，使班级名片在视觉上更具吸引力。2022年，南小森林城"一班之计在规划"班主任德育论坛的主题就是聚焦"班徽"设计。在这一主题引领下，将班主任老师们分成十二个小组，立足南小森林城的校园文化，依托本小组的虚拟班级身份，进行班徽设计。活动过程中，各小组奇构思，巧设想。最终，十二幅别具一格的班徽作品诞生了：五彩斑斓的风帆航行在星辰大海之上；初升的太阳下，绿色的森林里，高低不同的小树苗壮成长；红黄蓝的主色调下，一艘小船正扬帆起航；森林样态下，一朵朵小小的"向日葵们"拔节生长，一只只可爱的"小灵鹿"蓬勃健美，畅游森林……

班级是学校组织的一个细胞单位，每一个班级的生态样貌都关系到学校整体教育生态的品相。当别具一格的班徽设计作品（如图7-1），配以独树一帜的班级文化建设理念的生动表达，让在座的每一位班主任老师切身感受到"各美其美，美美与共"的校园生态之美。

图7-1 班徽设计示例

三、循环周记变成班级成长日志

班级日志，是记录班级日常活动、教学情况、同学表现、特殊事件、作业及反馈、家校沟通等内容的工具，主要方便班主任管理班级，通常由值日班干等学生在班主任指导下进行记录并分享汇报，培养学生的自主管理能力和责任意识，增进同学之间的交流与合作，增强班级凝聚力。班级日志不仅见证了班集体和学生个体的成长历程，也成为班主任及时发现班级生态内部问题，并即时调整带班策略的提示本，就像生态鱼缸里的水质检测报警器、测温仪等各项健康指标警示器具。记忆中，南小曾经推行过学校统一印发的班级日志记录本，后来发展为各班级特色日志，包括班队会纸质记录、电子记录，值日班长日志，班级成长记录袋，班级循环日记（周记）等等。

最初尝试班级循环周记这种特色举措，主要源于南小原教务处主任张盛瑾老师对班级学生循环创编文学作品（如小说）的介绍。全班学生分成若干组，共同商讨确定作品主题和情节构思，然后设计主要角色和次要角色，接着制定详细大纲（包括小说故事的起承转合、高潮和结局），最后开始轮流编写，一个人写一部分，第二天传给第二个人接着续写，以此类推。但真正开始实施这项创新作业，是迫于班级学生周记作业的低质量、教师低效能批改和教师批改负担的长期积压问题。当时，学生已进入四年级，语文作业中有一项"周记"，基本是定为每周一早上交。由于班级学生人数多，语文作业的种类也很繁多，尤其是遇到单元习作，再加上班主任事务繁忙，周记这项作业一直会压在后面批改，很多时候都是赶在周五下午才发给孩子们，以便周末可以完成周记作业。这样的批改质量，可想而知有多么应付。同样，孩子们对老师的批改内容盼了一周，等拿到周记本时早已忘记了当初的创作热情，来不及思考回味，就要为新的周记内容开始伤脑筋，作业质量大都不尽人意。老师们也很苦恼，但下一个周一很快来到，新的周记作业又交上来了，接着照例被压在后面批改，如此周而复始的循环，使得周记作业成为师生共同的负担。

痛定思痛，这样低效甚至无效的作业及批改形式必须要改革，要创新。于是，联想到循环周记这种形式——这种由班级学生轮流写周记的活动。具体操作方式也是经过了深思熟虑后，在实践中逐步改进、优化。首先根据全班学生的写作能力与水平，选出几位能领航的核心人员担任循环周记活动组长，然后由组长按照男女比例招募或进行组员自由组合。每组只发一个厚厚的、装帧结实的周记本，组员根据自己从周一至周日的相对空闲时间来商议此周记本在组内的循环顺序，轮流带回家完成周记。周记本改为每天上交、每天批改，教师每天只要批改班级学生人数的五分之一的周记作业量，相对来说，可以批改得更细致些，更有针对性些。

　　为了激发孩子们优质创作的积极性，在合作与竞争中提高写作能力，增进彼此的沟通和了解。班级循环周记有以下几项要求：一是封面标签设计须共同商议，须有组别编号及组长姓名——方便教师每天统计作业提交情况。二是封二表格填写，包含小组名称、团队口号，每一位组员照片和自我介绍，组员家长的寄语等——为了明确小组成员共同的身份标签，塑造团队形象，统一思想，鼓舞士气，增强成员之间的归属感和团队意识，同时也帮助师生区分不同团队，提高团队的识别性。三是封三评星统计记录表，老师除了附上评语外，还要为每篇周记赋星，组长根据老师赋星数及时登记——每周统计小组得星总数，每学期统计组员个人得星总数及小组得星总数，全班评选出优胜个人和优胜组，激励孩子们高质量地完成每周一记。四是鼓励诚实和创造性，为自己和班级留下宝贵的记忆——建议孩子们留心观察班级生活和个人生活，以真人真事为素材，勇敢表达自己独特的思考和内心真实的情感。五是尊重彼此，以正面激励为主，互相监督是否落实增值性评价——在组员循环周记本的过程中，孩子们和家长们每天能及时分享组内成员的写作内容，还能及时看到老师的评语，并且及时在文章下方写点评，所有点评均做到先扬后抑，发现优点充分表扬，有好的修改建议或疑问、追问，须礼貌友好表达。同伴和家长的激励性评价，无形中成为孩子们创作激情的助燃器、写作水平的提升器、人际关系的润滑剂。

　　组员们的文章选题基本来自真实生活：《形体课上的泪与坚持》《再

见了，小鸟》《螳螂捕蝉，黄雀在后——打雪仗》《放学路上》《活动中心学茶道》《我的嘴唇破了》《紧张的半决赛》《一起玩"愤怒的小鸟"吧》《找寻我们组的周记本》《爷爷的新手机》《第一次参加"人生拍卖会"》《大发现》《难忘的户外课》《我的风信子花》《超乎想象的记忆力》《三思而后行》《体育课与体育精神》《大米的一生一世》《一堂急救课》《给寄居蟹换个家》《数学丁老师》《试乘地铁一号线》《叶脉书签做失败了》《第一次上台演讲》《分享日的你和我》《爸爸带回来"驴打滚"》《魔方达人秀》《元旦联欢最佳拍档》《不喜欢分数》……是不是很有意思？

　　家长们对循环周记的热度一点儿不亚于孩子。他们也盼着拿到循环周记的那一天，看自家孩子的文章得到多少点赞，吸引了多少粉丝。记得徐妈妈多次提到儿子赢得七颗星的那篇周记，被班主任大篇幅的评语而感动，为儿子的闪光而自豪。她拍照留存，珍藏在手机里，每次见面都会激动地找出来说一说。

图7-2　青春留念册

作者：南门小学森林城校区2019级12班马依晨（左图为贺卡翻开前，右图为翻开后）

指导老师：徐慧敏

　　于是，班级循环周记竟然像班级日志一样，记录和分享着班级的日常活动和特殊事件。每个学生都有机会成为班级历史的记录者，反思并分享自己的学习和生活经历，表达个人情感。这样的班级日志可读性更强，共鸣度更高，感染力更强，成为价值更高的新型作业形式。它如同一片成温润的土壤，滋养着学生的心灵，让生命的成长被关照、被呵护。它也成为班主任了解班级学生行为习惯、思想动态、班风良莠的独特窗口，成为传播班级精神价值、建设班级和谐生态的有效载体。

第八章　校园共育生态

　　森林教育生态理念中，学校应该是一个开放的生态系统。这意味着学校不再是封闭的教育单位，而是突破传统教育的边界，与家庭、社会环境相互融合、相互影响的有机体。因而"校园共育生态"的内涵就是指在学校、家庭和社会之间建立一种协同育人的合作关系，以多方参与、多维度交互的教育模式，为学生提供一个全面、健康、和谐的成长环境，以共同促进学生的全面发展。在这一多元合作、共建共享的生态模式下，各方在学生教育中都有不可推卸的责任和角色，所有参与者既是贡献者，也是受益者，应当实现优势互补，共同为学生的成长提供必要的支持和条件。

　　为了发扬中华民族重视家庭教育的优良传统，引导全社会注重家庭、家教和家风，增进家庭幸福与社会和谐，培养德智体美劳全面发展的社会主义建设者和接班人，2021年10月23日第十三届全国人民代表大会常务委员会第三十一次会议通过《中华人民共和国家庭教育促进法》（下文简称《家庭教育促进法》）。文件明确规定：家庭教育、学校教育、社会教育紧密结合、协调一致，结合实际情况采取灵活多样的措施。2023年1月23日，教育部等十三部门联合下发《关于健全学校家庭社会协同育人机制的意见》，文件明确指出：要全面贯彻党的教育方针，落实立德树人根本任务，弘扬中华优秀传统文化，坚持科学教育观念、增强协同育人共识，积极构建学校、家庭、社会协同育人新格局。一系列政策法规的颁布，让我们更加确信：教育生态中，和孩子们的生活世界有关联的任何人、事、物都不能无故缺席，也不能盲目出席，应有准备地出席。

南小森林城一直积极响应国家教育方针政策，严格落实执行相关教育文件精神，以"立德树人，健康第一，美好生活，终身发展"为指导思想，依托相关指导部门、合肥市颜蕾名班主任工作室、社区心理健康工作站等专业教育力量，积极协调家校社合作育人资源，不断完善家长学校建设，依托《家庭教育促进法》等相关法律，建设家校合作新范式，以南小的高度与温度，联动家庭、社会一起共同关注学生生命成长的长度、广度、厚度，努力实现共育理想——让介入儿童生活世界的主要关系人物都积极成为和谐教育生态的共建者，让每个孩子都在和谐共育的氛围中精彩生长。

图8-1　我的幸福家庭

作者：南门小学森林城校区2018级8班邹美妙　指导老师：孟娅

目前，通过家长课堂、家长学校、校园公众号等平台，学校的育人理念得到很好的传递，家校合作关系愈发亲切紧密，已初步形成有效的家庭教育支撑，为学生营造了健康的成长环境。合肥市颜蕾名班主任工作室省级课题《依托〈家庭教育促进法〉指导家庭教育的实践研究（JK22077）》也在稳步推进中。2024年初，南小森林城荣获"庐阳区家长示范学校"荣誉称号，这一荣誉是对学校育人理念的高度肯定和鼓励，是学校努力提升校园共育生态质量品牌的又一里程碑。

第一节　有温度的家庭教育指导

见 微 知 著

"南橘北枳"的故事很经典，千古传颂，也生动形象地描述了水土差异给植物生长带来的影响。只有在合适的温度、湿度、日照和土壤条件下，植物才能健康生长，多一分则过，少一分则亏。

类比家庭教育环境的重要性，也是同样的道理。社会的多样性，产生了不同的家庭结构。每个家庭的成员结构、文化背景、教育理念、教养方式、父母关系、家庭氛围都各有差异。根据长期共同生活在一起的家庭成员的构成及成员间相互作用、相互影响的状态，可以分为很多家庭结构类型。南小森林城学生群体调研中可发现以下类型：核心家庭——绝大多数孩子的家庭结构都属于最单纯、最基本的家庭，家庭结构简单，通常由一对父母和其未婚子女组成，父母的教育和管理相对来说比较容易统一，不易受干扰；扩展家庭——长期在一起共同生活的家庭成员，除了核心家庭成员，还有其他直系亲属，也叫直系家庭，由于人员多，关系相对复杂，教育理念较为多元；不完全家庭——因种种原因，夫妇只有一方与子女共同生活的家庭，也称之为单亲家庭，孩子的成长轨迹会出现多种可能性；复合家庭——两个或两个以上家庭通过再婚等方式合并而成的家庭，也称作再组家庭，家庭成员关系更为复杂；

隔代直系家庭——父母因工作或其他原因长期不在家，通常由祖父母和孙辈构成，这样家庭中的孩子通常被称为"留守儿童"，缺失父母教育的一代儿童，目前在农村和城市都存在；等等。这些由家庭带来的不同成长因子，会伴随着孩子的成长，慢慢形成一种家庭烙印。孩子是家庭的一面镜子，孩子的性格、言行举止、价值观念等在很大程度上反映了家庭教育和家庭环境的影响。

如何为不同类型家庭中成长的孩子提供支持和服务，如何理解孩子真正的需求，如何让孩子在温暖、充满安全感、稳定的环境中健康快乐成长，是每一个家庭中的教育责任人以及学校的教育者应该思考并落实的问题。

一、夜访万家，面对面沟通，心连心传递

家庭是孩子的第一所学校，父母是孩子的第一任老师。家庭对孩子的价值观、行为习惯和学习态度有着深远的影响。随着"双减"和《家庭教育促进法》等政策法规的相继出台，家校定位与边界被进一步明确，在整体优化学校育人体系的同时，也为家庭教育回归本源，发挥其独特的教育功能。"夜访万家"是庐阳区教育体育局的统一教育行动，旨在让老师深入学生家庭，了解需求，帮助家长履行好家庭教育主体责任，指导家庭教育更科学、更美好、更和谐地发展。南小森林城一直坚持将此项工作做深做细。学校认为每个孩子都如同一颗种子，为积极向上地成长不断积蓄着蓬勃的力量。这些力量从何而来？是成长环境，是学校，更重要的是家庭。走进家庭，才能遇见更真实、更立体的学生和他们背后的故事。

为此，家校共育、家校沟通一直是南小森林城德育工作重点，除了常规专业培训，帮助老师们加深认识并提升家庭教育指导技能，还对班级"静待花开"关爱特殊群体学生行动、"定期家访"等活动形成制度

考核，行政班子成员分设在各级部，深入学生家庭，和学科任教老师一起了解、分析问题成因，协助解决家庭教育困惑。老师们的"静待花开"关爱记录很全面，看到了爱学习、不爱劳动、不爱分享的他，关注到了不善言语却在放学后默默整理班级的他，听见了从不在公开场合发言却在厕所里放声歌唱的他……太多真实感人的教育故事，成为南小森林城教育财富。

有一位四年级学生，白白胖胖，结结实实，看着很喜人，但情绪很不稳定……和班里的同学、老师频繁发生冲突，午餐班时，一言不合，就直接冲向老师，各种关怀教育轮番上阵，却收效甚微，令班主任头疼不已。于是，在南小森林城特殊群体学生关爱行动中，为他专门建立了"静待花开"成长档案，坚持观察记录了一段时期后，班主任决定约上级部主任和任课老师一起上门家访。

一进家门，老师们刚才还略有忐忑的心，逐渐平静下来：窗外已是深秋，屋内却春意盎然，妈妈怀着二胎，家里还有一只肥猫，憨态可掬。他把老师们迎进门，满脸笑容，彬彬有礼，坐在妈妈旁边，时不时顾忌着孕期的妈妈是不是有哪里不舒服。老师们在他的引导下逗了一会儿猫，就坐下来和妈妈开始谈话。他还带着小猫领着老师们参观了书房。

通过家访，才了解到这是个离异后再组家庭的孩子。原生家庭中，父母情绪极不稳定，吵架打架是家常便饭。父亲情绪暴躁，母亲也没有心思关注他的全面成长和性格养成。之后，母亲和继父重组了家庭，他的成长环境才开始慢慢稳定下来。继父的工作虽忙，但会经常和他进行沟通，对学校发生的事情也会一起复盘。他在面对家人时，情绪还算稳定，也特别能体谅家人，尤其心疼妈妈，但是回到群体当中，和同学、老师沟通时易躁易怒，情绪特别容易失控，欠缺人际沟通的基本方法和包容的心态。目前，妈妈怀孕的事实，对于这样一个敏感的孩子来说，是个巨大的变化。即将迎来新家庭中的新成员，他的内心充满了很多复杂矛盾的情绪，一方面是为即将到来的小伙伴高兴，另一方面是内心深处对爱充满了极度渴望，让他对当前和睦的家庭关系患得患失，生怕失去了家庭的关爱。加上没有形成与同伴正常社会交往的技能，让他十分苦恼。家长也反馈，已经在着手寻找专业人士进行咨询，给予关注和指导。

回校后，大家一起复盘了家访过程。老师们深有感触，尤其是孩子望向家人那副充满温情与希望的双眸，令大家印象极为深刻。与家庭的深度对话，也让班主任慨叹孩子的不容易，决定今后会在班级给予孩子更多的理解和关爱。感谢家访让她看到了和校园里完全不一样的他，也了解了他的实际家庭成长背景，读懂了他的求助。

后来几日，孩子的妈妈向班主任反馈：经过专业测试，孩子确实因为原生家庭的问题出现了躁郁症倾向，已经在采取手段积极干预。

再后来，在校园里再次遇到这个孩子时，穿着白衬衫，剃了一个很酷的发型，坐在教室里。回望时，那眼神清澈有光，充满善意。家校共育的力量似阳光，温暖了他曾经受伤的心灵。

二、心理辅导，具化问题，镜像分析

南小森林城依托心理教研组和合肥市颜蕾名班主任工作室专业力量，定期组织家长参与公益讲座、团辅活动，邀请专家对家庭教育活动进行指导、评价、提出建议，为家校共育工作推进不断累积经验。学校也充分发挥传统媒体和新媒体的优势特点，由学校三级家委会进行正面家教方法宣传引导，引导家长树立正确的育人观、成才观。家长通过跟帖、小视频等形式发表自己的学习心得，与学校育人理念保持一致，协同学校共同育人。针对有育儿困惑的家长，学校不定期针对具体问题开展亲子团辅和个辅活动，以期通过传授更有效的沟通方法，帮助家长和孩子找到更有实效的家庭教育方法。

2023年9月30日晚7点到8点30分，合肥市颜蕾名班主任工作室如约在南小森林城文澜阁图书馆展开了新一轮的学生团辅和家长团辅活动。此次的团辅活动主题为《在"双减"中提高效率，让情绪助力发展》，还邀请到了诺观心理咨询室的专家李鑫老师和黄金华老师。

在家长团辅开始前，黄老师就事先做了调研，总结出家长提出的六类影响学生学习效率的因素，重点讲了影响孩子注意力和情绪的心理规律和情绪规律两大因素。接着，采用情景剧演绎和分小组体验方式进行团辅活动。三人一组，一个扮演剧中的家长，一个扮演剧中的孩子，一个扮演观察者，演绎陪伴孩子学习的常见现象。剧本演绎让家长以旁观者的身份，从情景剧中切身体会到，哪些想法和做法会破坏孩子的学习感觉，影响孩子的学习情绪，如何做才能帮助孩子爱上学习，主动学习。因为课程生动且有针对性，很多家长在课后仍然意犹未尽，与老师积极交流。

学生团辅活动相对家长团辅来说，显然要热闹得多。课程中，李老师通过热身游戏展开初步互动，让孩子们既没有心理压力，感到轻松愉快，又能够集中注意力，调动起积极参与辅导活动的情绪，有效地增进了学生之间、师生之间的信任和凝聚力，营造出一种宽松、和谐的氛围。接着，通过游戏让孩子们在轻松的氛围下相互认识，并在游戏中分组，以便后期游戏活动以小组的形式开展，帮助孩子们建立团队协作意识。最后，通过"情绪猜猜看"，让孩子们不仅了解了"情绪"本身是什么、怎么产生、如何转化，也学会了接纳自己和他人的情绪，知道一旦有了喜悦、快乐、紧张、愤怒等这些情绪时，只要选择了恰当的表达方式，就可以做一个快乐健康的人。

小学生情绪发展的特点是具有很大的冲动性，还不善于表达或控制自己的情绪。通过此次团辅，引导学生在学习和生活中学会合理表达自己情绪的方式和方法，做自己情绪的主人。

活动结束后，一位二年级的爸爸这样留言反馈："我们需要有大量的耐心与爱来对待调皮的孩子，通过做游戏，讲故事等方式引导他们理解规则及尊重他人。通过接纳和理解的心态来看待孩子的问题，而不是简单地进行批评和惩罚，需要根据孩子的个性和特点，寻找更适合引导他们的方法。我们家长也要通过爱心、耐心和智慧，真正地去理解他们，让他们感受到我们对他们的关心和爱护是实实在在的，和学习成绩无关。"

三、公益推送，正面宣传，积极引导

南小森林城依托《家庭教育促进法》有效指导帮扶家庭，通过合肥市颜蕾名班主任工作室平台，以直播和线上会议等方式向家长宣讲普及《家庭教育促进法》，逐步提升家长依法进行家庭教育的能力。针对家庭教育中的难点、痛点，请家长和孩子们参与拍摄系列"家庭教育微剧场"呈现焦点问题，邀请专家和老师提供指导服务，依法解决问题。整个过程将以系列视频在学校及颜蕾名班主任工作室微信公众号等平台进行推广，同步提升教师家庭教育指导能力和家长育儿的法律意识及实操能力。

众所周知，在孩子的成长道路上，"爸爸"的陪伴是不可或缺的，"爸爸"的角色也是不可替代的。可随着社会的进步和经济的发展，忙碌的工作使"爸爸"们在家的时间明显缩短，与孩子相处的时间自然越来越少。一边是养家糊口，一边是陪伴孩子，"爸爸"们该如何协调呢？2023年10月28日晚，合肥市颜蕾名班主任工作室第十九期公益课堂开播，由南小森林城的杜云娜老师为广大家长朋友精心准备了一场《忙爸爸也能成为好爸爸》的线上讲座，共同探讨"忙爸爸"如何成为"好爸爸"。

本次讲座意在通过家长课堂的活动方式，提高爸爸在家庭教育的参与意识和行动力，帮助爸爸有效处理孩子在成长中的人格塑造和性格成长方面遇到的问题。那么，"忙爸爸"如何成为"好爸爸"呢？杜老师先由一段"爸爸带娃搞笑名场面"的视频导入。接着，引出当前教育存在的问题：很多爸爸在为事业打拼，或出于教育观念认识的偏差，或因为事务的繁忙，很少有时间陪伴孩子，或缺乏高质量的陪伴，继而变成

了家庭教育的"配角""龙套"。然而，如果"爸爸"这一角色在家庭教育中长期缺失，势必会对孩子的成长产生很大的负面影响。

杜老师在讲座中和"爸爸"们明确高质量陪伴的意义：爸爸陪伴孩子并不在于时间的长短，而在于这段时间里孩子的感受如何。如果爸爸整天待在家里，却都是独自看电视和上网，这种陪伴对孩子来说毫无意义。爸爸与孩子之间的心灵沟通是不能依靠物质和金钱来实现的，只有经常和孩子游戏、聊天，一起度过美好的时光，才能获得浓浓的子女情。同时，"爸爸"们还要学会做孩子的"憨豆老爸"：教育并非"正襟危坐"地灌输，而是渗透在生活细节中。做孩子的大玩伴，让孩子在玩耍中增长见识、拓展思维、塑造品质。当然，如果能够成为"创意型爸爸"，经常和孩子一起创造新奇和惊喜，那么，来自爸爸的智慧一定能让孩子对家庭关系产生深深的依恋。

这样的公益讲座，在策划、制作、推广的过程中，都有教育的功能，参与者、受众都能得到成长。

第二节　有力度的校园共育活动设计

见微知著

森林生态系统中的共生现象很多，比如：蜜蜂与花朵——蜜蜂获取了花蜜和花粉作为食物，同时帮助花朵传播花粉，实现繁殖；鳄鱼与牙签鸟——鳄鱼则为牙签鸟提供了食物来源，牙签鸟帮助鳄鱼清理口中的食物残渣；根瘤菌与豆科植物——根瘤菌能够固氮，为豆科植物提供必需的氮源，而豆科植物则为根瘤菌提供栖息地和营养物质；等等。生物之间彼此通过提供资源、增强适应性、促进协同进化以及维持生态稳定等多种方式，在竞争激烈的环境中生存下来。这种生物间的合作模式对于生物多样性和生态系统的健康运行至关重要。

自然界共生概念迁移到人类社会的发展中，很自然地让人联想到"同舟共济""唇齿相依""唇亡齿寒"这些典故，比喻各种紧密相连的人、事、物等，相互依赖，不可分割，是命运共同体。如春秋·孙武《孙子·九地篇》："夫吴人与越人相恶也，当其同舟而济，遇风，其相救也如左右手。是故方马埋轮，未足恃也；齐勇若一，政之道也；刚柔皆得，地之理也。"处于共同体中的一员，遇到困难，理当齐心协力，共克维艰。

面对当前教育大变革的态势，面对孩子们成长的复杂环境和多元需求，学校教育不应该是独角戏，需要与家庭、社区以及更广泛的社会环境紧密合作，努力丰富育人的渠道，不断尝试育人的举措，共同培养适应未来社会的、全面发展的时代新人。

图8-2　我爱我家

作者:南门小学森林城校区2020级19班沈鑫怡　指导老师:谷婷婷

一、家长开放日，走进校园，走入课堂

南小森林城每学年都会定期分年级开展以"家校携手，护航成长"为主题的"家长开放日"活动，邀请家长朋友们走进校园、走入课堂，共同讨论育人方向，加强家校联系，搭建家长、学校、社区合作的桥梁。这一活动让家长走进校园，增进家校之间的相互理解与联系，帮助家长了解学校发展趋势与课改理念下的新课堂，引导家长主动参与学校管理，共同促进孩子的健康成长。

为保障学生安全与开放日课程质量，学校各部门各司其职：教务德育部门提前规划活动内容，确定各年级开放课程内容，组织教研组备课、磨课、评课互动，分时段印制家长邀请函；总务部门关注校园安全细节，设计大屏幕宣传，印制校园平面导览图等；各班班主任除了认真备课，做好接访家长准备，还需及时对教室文化布置进行更新完善，让家长朋友走进班级能随处看到孩子们的近期作品，感受温馨的班级氛围。

教育应该是一场双向奔赴。只有真正走进校园，走入课堂，家长才能切实地感受到学校教育的真诚和专业，和老师及学校产生情感的同频共振，达成一致的育人目标。活动结束后的家长问卷数据反馈，令人欣喜，家长真诚表达了对课程、对教师、对校园设施的满意，对学校办学的满意度不断提升，对教育的理解不断达成共识。学校也认真研究家长的反馈，虚心接纳建设性意见和建议。比如，一位家长提出，南小森林城的校园这样美，处处是园林式的设计，有花有草，有呦呦鹿鸣，有喷泉小溪，可不可以在高树上放置些小松鼠、鹦鹉等动物造型玩偶，让孩子们抬眼就能看见更多种类的小动物，让校园生态更加完整和谐，也能缓解孩子们的视觉疲劳呢？校长室关注到这条意见后，立即批复："尽快完成，让孩子们的校园更富有生命气息，让家长的谏言有效执行。"如今，再走入南小森林城的南北区校园，随处可见围在树下的孩子们，

他们翘首寻觅："我看见一只，呀，这里还有！"

二、家长学校，以终为始，激扬生命

家长学校课程培训与家长会，是南小森林城"匠心"教育精神的集中体现。通过让家长走进校园，感受班集体健康风貌、了解学校发展蓝图与学习新理念下的课堂要求，来达成构建"家校社"互动的良好教育环境和氛围，促进孩子们健康成长的目的。2023年4月，《共同守护好我们的孩子——加强关注并重视学生生命安全和心理健康教育》为题的"校长分享"微讲座，仅仅是南小森林城家长学校活动的一个剪影。

讲座伊始，先是以谈话的方式向全体家长发问："您了解您的孩子吗？""您能非常清晰地感知孩子的内心吗？"很多家长可能不以为意，自己的孩子，还能不了解？孩子一个眼神一个动作，我就知道他在想什么。真实情况是怎样的呢？接着，播放灵鹿融媒体中心小记者们的随机采访。在观看视频的过程中，家长朋友逐渐收起了原本那份笃定和自信，孩子们口中表述的，和自己想象的可能不太一样。接下来，正式进入"关注孩子的生命安全和心理健康"的主题分享。

"孩子每天生活的空间都是他成长的场域，包括他在家庭、学校、社会所经历的各个场景，这个场域的生态是怎样的，他就会生长成什么样儿。比如，家长在与他人交流孩子教育问题的场景。中国的家长大多谦逊，说起自家的孩子，很少有家长会如数家珍般把孩子的优点娓娓道来，更多的家长不好意思夸自己的孩子，总是不满足孩子的现状，更习惯于纠结孩子的缺点，数落、抱怨、指责，甚至当着孩子面，一个劲儿拿别人家孩子的优点和自家孩子的缺点进行比较。殊不知'说者无意、听者有心'啊，甚至孩子本该独有的家庭小秘密，也会'口口相传、家喻户晓'。孩子内心是否能强大到承受这些来自家庭、学校、社会的负面评价？"

"众所周知心理健康的重要性。处于亚健康的大多数人，通常经过个人情绪调节、家庭学校单位等生活圈、朋友圈的积极引导，就会自然化解，在发展中不断塑造并完善积极人格、积极心理。只有极少数的人群会陷入严重的心理困境，主要是长期的不为人知、不被关注、个人及周边环境生态的特殊情况导致。因此，家长朋友应该时时刻刻关注自己正处于成长发展过程中的年幼的孩子们：心理健康吗？身心愉悦吗？内心安全感如何呢？

"然而，每天惹麻烦、让家长和老师头疼的孩子并不是最危险的，至少他们能主动与世界相关联，即便是不愉快的关系建构，还算是有具体外显表象的，让人很容易发现他们，从而帮助他们。比如，有些孩子沉默寡言，看上去听话、懂事儿、接受管教、少有对抗，甚至看上去积极阳光、各方面表现突出、很独立自主的孩子，他们真的像我们看到的那样，让人放心吗？有时他们内心的真实世界不是敞开的，有了心理问题也很难发现。需要我们细心观察，给予关注、重视和积极陪伴。心理学中有一种疾病叫'阳光型抑郁症'，他们很痛苦，却很爱笑。很多孩子希望得到家长的正向肯定，也自认为理解家长、按家长要求去做才是正确的，所以他们内心对自己要求很高，选择压抑自己的负面情绪，让自己显得更优秀，以便赢得更多的表扬。他们懂事得让人心疼，让人害怕，不太像孩子应有的样子。我们观察一个孩子的身心健康状况，最佳方式是看他是不是常常自然地'笑'。不常'笑'的孩子，内心一定不快乐；伪装出来的'笑'，只要细心观察，也是能看出来的。当孩子表情凝重时，情绪糟糕时，或者愤怒时，我们都表示接纳，允许他们有负面情绪的表达，因为那是他们在表达诉求，在寻求帮助，我们耐心地多听，不着急下定义、给指导，有时候不知道怎么说，倒不如先好好抱抱孩子。孩子很敏感，懂得我们爱他就好。当孩子什么话都愿意和我们说，学校里发生的快乐的、闹心的事儿都喜欢和我们分享，孩子在我们面前有安全感、有幸福感，我们才算是做到有效陪伴。那么，在培养孩子的过程中，什么才最重要？我们希望孩子成为什么样的人？"

此时，家长们已经很难淡定，都在脑海中思索自己的孩子平日里的样子。于是，及时插播一段心理学讲座的视频——来自应用心理学推广人黄启团老师的《把握家庭教育的2个核心，孩子将来不会差》。主旨是引导家长把握家庭教育的两个核心"自我价值"和"思想的维度"，"以终为始"看教育。人工智能时代的到来，尤其是可以进行深度学习的自然语言生成模型的诞生与变革，已经颠覆了人类很多基本认知和想象。很多熟悉的职业正在消失，同时，很多全新的岗位也应运而生。家长们的知识能力储备若不能从根本上帮助孩子迎接不可知的未来，那就帮助孩子从内到外强大起来：内心强大，有高度的自我价值认同；能力强大，能勇敢面对挑战，快速接受新生事物，大胆创新、合作探究。

南小的办学理念是"为了每一个孩子主动全面发展，健康快乐成长"，学校在此基础上，提出"森林样态"儿童观，倡导"万千生命皆可贵"，搭建丰富多样的平台来发现儿童潜能，就是希望不断加强孩子的自我价值认可度，不断强化"我很优秀，我要成长为最好的自己"这样的意识。

讲座的最后，分享《存在主义心理学的邀请》中的一句话来作为结束语："每个人的人生都无法完美，但您今天的选择才决定未来的人生。"希望全体家长能不纠结于过去，与孩子一起微笑面对未来，如同南小森林城的老师、保安师傅和家长志愿者们每天微笑迎接学生，主动和孩子亲切地打招呼一样，让孩子开开心心来上学，高高兴兴回家，让孩子与更多充满温暖的人、事、物建立联系，从内到外建立安全感。

南小森林城家长学校每一年都会开展"美丽家长"评选活动，倡导家长做好孩子健康成长的第一责任人，厘清家校关系，明确让孩子们在和谐的家庭氛围、温馨的共育环境中健康成长，是家长责无旁贷的义务。2023学年度，经过自主申报、他人推荐、材料审核、班级评选、公示等环节，335名家长被评为"美丽家长"。2023年1月12日下午，南小森林城近500名家长齐聚南区四楼报告厅，参加学校家长学校暨2023年度"美丽家长"颁奖典礼活动。校区分管教学负责人王颖围绕"森林样态，家委助力""规范办学，建言献策""擦亮品牌，携手共育"三个方面，在致辞中指出："教育不是一个人的舞台，家长要与学校'同心、同向'，成为教育合伙人。希望更多的家长主动参与家校共建、优化环境资源，用智慧沟通的力量达到 1+1＞2 的育人效果。"

三、家长进课堂，角色互换，立体成长

为了进一步推进家校社协同共育，增进家校互动，丰富学校教育资源，拓宽学生的知识领域，南小森林城会不定期邀请不同工作领域的家长朋友进校园为学生举办讲座，进行互动。

例如，2023 年 3 月 27 日第 28 个全国中小学生安全教育日当天，为进一步加强校园交通安全宣传教育，提高学生交通安全防范意识和自我保护能力，南小森林城学生家长、合肥市庐阳区交警大队六中队的唐袁警官和三中队的徐亚东警官，一同走进校园开展"交警爸爸进校园 交通安全记心上"安全教育日主题活动。

两位交警爸爸身穿制服，在升旗台前进行庄严的"国旗下讲话"，用生动的语言为全体师生讲解了交通安全重要性。"交通安全非常重要，它与我们每个人息息相关，要把交通安全的要求带回家，讲给爸爸妈妈听。"交警爸爸布置的家庭作业被同学们牢记在心。升旗仪式结束后，两位交警爸爸分别走进了四（5）中队、三（17）中队，为大家进行了全面而又详细的岗前培训，重点讲解了交警的日常工作内容、交通法律法规，以及小学生交通注意事项。

随后，在交警爸爸的带领下，经过培训的"小交警"们按照各自分工，来到自己的执勤点位，实地体验交警执勤工作。通过参与此次交通执勤的活动，"小交警"们熟练掌握了交通知识，也更深刻地体验到交警执勤的辛苦，自觉维护交通安全的意识得到提升。"小交警"们纷纷表示还会将交通安全知识带回家，带动身边人告别不文明的交通陋习，争当安全出行、文明出行的倡导者和实践者。

南小森林城的家长们总结自己岗位上的真实的实践故事，给南小森

林城的孩子们打开了一扇社会之窗。孩子们对未来职业种类及岗位贡献有了初步了解：交警爸爸、消防员妈妈、警察阿姨、疾控中心的姐姐……不同职业类型的家长朋友走进孩子们的生活。班级里育儿有方的爸爸妈妈们也经常在班级家长会中进行分享，将好家风、好的生活习惯、好的家教方法进行传递，增进了家校之间的理解和包容，为家校共育工作持续赋能。

此外，家长们还以各种各样的角色身份进入校园，给孩子们上课，参与学校管理，建言献策，群策群力，共同服务学校里的孩子们。比如，"文澜阁"图书馆的家长志愿者们就是南小森林城一道美丽的风景线。每天清晨或午后，都有一群热心的家长在图书馆里忙碌。他们佩戴着图书馆志愿服务标牌，在孩子们还没有进馆之前把馆内打扫干净，给新书固定电子标签、入档并上架，按目录整理分区书架，把零散的图书重新归档，给小绿植浇浇水、剪剪枝，梳理完善图书借阅记录……忙得不亦乐乎。很快，就有小读者陆续到馆内来借还图书，或是有整班学生进馆阅读。那个时段，是家长志愿者们最辛苦也是最充实的工作高峰期。不仅要关注整体阅读状况，还要满足个体问询需求，同时，还可能穿插着迎接教育界同仁各种培训、检查、学习考察、参观交流。孩子们和志愿者叔叔阿姨都结下了情谊，礼貌地打招呼，表达谢意。家长志愿者们自己的孩子也备感光荣。他们在爸爸妈妈的榜样感召下，理解了奉献、友爱、互助和进步等志愿服务精神。

再如，南小森林城校门外的家长护学岗，也传递着志愿服务的力量。志愿参加护学岗的家长群体中，有爷爷奶奶，也有爸爸妈妈。他们穿着红色志愿者背心，沿着孩子们上学的路径，站在学生通道的两侧，和学校的值班教师以及保安门卫们一同为孩子们保驾护航。看到孩子们跑得急了，他们会亲切地提醒："慢一点儿，来得及！"遇到表情凝重或哭泣的孩子，他们立刻会走上前，就像看到自己家的孩子一样，关心地嘘寒问暖，了解原因。孩子们背着书包蹦蹦跳跳地和他们打招呼，他们就热情地摆摆手回应："小朋友好！"有时候，看送孩子的家长着急奔波的样子，他们会微笑着安慰，并劝说两句："不急不急，孩子再大一点儿就会好多了！"既有同理心，又能"幼吾幼以及人之幼"，护学岗的家长们如南小森林城的形象代言人，似春风拂面，让人倍感温暖。同时，志愿服务精神是人类社会中一种积极向上的价值取向，它激励着人们无私地为社会贡献自己的力量，为促进和谐、进步和共同繁荣而努力。

第三节　有广度的社会公益支持

见微知著

　　每年到了招生季，为了帮助家长了解新生报名流程、新生入学准备等相关事宜，减少家长焦虑，南小森林城会联合学区范围的小区物业公司一起深入各小区做志愿宣讲活动。

　　2021年7月1日是党的百年诞辰，南门小学党委结合南小森林城实际情况，开展"设立党员先锋岗，我为群众办实事"进社区党员志愿服务活动，设立入学告知单发放区及招生简章宣传处，切实为学区内适龄儿童学生家长提供更便捷的服务。当日，南门小学党委书记、校长费广海亲自带领学校全体党员老师们统一着装，佩戴党员徽章，到达指定岗位，悬挂横幅，做好服务活动工作，对适龄入学儿童进行报名流程介绍。就家长咨询的问题，现场党员志愿者进行了耐心细致的作答。"没问题""放心吧""直接来"这些再普通不过的字眼儿，着实让这些前来咨询的家长吃了"定心丸"。针对特殊情况，党员老师们做好详细记录，汇总上报后给予及时回复。此次重在积极宣传入学报名方式方法，大力引导适龄入学儿童家长在规定时间段进行网上预约报名。每一位党员老师的真诚交流，专业解答，都获得了家长们的一致好评。

为期一天的咨询服务，不仅让家长们了解了招生政策，解决了他们心中的困惑与担忧，同时为后期新生入学报名工作做好了宣传工作，奠定了平稳扎实的基础，也搭建起了党员志愿者和家长们之间沟通的桥梁。

一来二往地，物业也对南小森林城办学宗旨有了初步了解，也开始主动关注小区里生活的孩子们如何快乐成长。平日里，小区物业管家也会根据每日天气、节日活动、安全工作等做"小管家播报"温馨提示，里面也经常发布和孩子们相关的活动。比如：南小森林城物业服务中心"明天的我要更精彩"开学季游戏活动——组织小区里的孩子进行套圈、手工制作，表达对美好未来的憧憬，展现着自己迎接新学期的新气象；腊八节当天，举办"浓情腊八节，'粥'到暖人心"活动，现场提供美味的腊八粥，让孩子们在品尝传统美食的同时，也能享受欢乐的节日氛围；冬天邀请小伙伴一起搭窑、生火，烤红薯、烤土豆、烤香蕉，体验自己动手、丰衣足食的快乐；为丰富孩子们假期生活，培养合作精神，营造幸福家，举办"半日攻防箭对抗赛""健步行""趣味大闯关"等活动；等等。

更广度的社会公益支持，让教育样态呈现森林生态一样的共生共融共发展。长此以往，试想孩子们眼中的世界会怎样：生活的家很温暖，生活的小区也很温馨，生活的校园花香四溢……的确，让孩子们成长的场域愈发充满阳光，就是我们教育人的理想。

一、社会支持，爱心共建，同心同德

合理统筹家庭、学校和社会的育人资源，才能充分落实和发挥家校社协同育人效果。南小森林城主动承担对未成年人实施家庭教育的主体责任，对需要帮助的家庭，积极借助集团、社区、派出所、妇联等多方力量，力求保障学生的安全，促进家庭的稳定，实施有效的家庭教育。

来自上级主管部门、社区及共建单位的多方支持，让南小森林城教育合力日益强大起来，为森林学子的全面发展积极赋能。

庐阳区委区政府、区教育体育局等上级部门会在六一儿童节、读书节、开学季及时下校慰问，为孩子们添置书籍、学习运动设备；遇到特殊家庭问题，区检察院检察官兼学校法治副校长、校外法务团队、大杨镇派出所民警、四里河街道社区医院医生护士等辖区单位工作人员第一时间给予跟进和专业处理；合肥学院经市教育局引荐，在中华传统佳节将德育课程资源送入南小森林城，携一批优秀留学生进校园体验中国节日文化传统，产生了非常好的社会影响，为南小森林城的孩子打开一扇通向世界的大门；合肥市新华学院走进校园，主动与南小森林城建立活动链接，利用学院专业特长与学校签订合作共建协议，在新媒体、传统书画、教科研等方面进行深入交流；在庐阳区政府、教体局的规划指导下，四里河社区医院与安徽中医药大学携手，将中医药课程送入校园，在校园内划分出专业课程互动区域，利用每周五社团课时间向学生进行中医药传统文化普及；安徽省精神卫生中心联合四里河街道卫生服务中心，多次来到南小森林城开展面向家长的心理健康主题讲座，以帮助和引导家长树立正确的家庭教育观念，关注孩子的心理健康，掌握科学的家庭教育方法。

社会支持作为南小森林城共育生态的重要组成部分，彰显了时代性，也极具必要性，让家庭教育、社会教育和学校教育紧密连接并实现升华，形成家校社三位一体的格局，实现"为孩子的成长建一座村庄"的全员、全程、全方位育人。

二、深度合作，科技赋能，文化传承

南小森林城一贯重视培养学生的科技创新能力。近年来，学校也在不断加大对科技创新培育方面的投入，校内科普课程以及配套设施都很完善，有生态科技馆、Steam教室、VR教室、航模教室、3D打印等。对同学们成长有益的课程项目，学校都会积极引进，与科技创新自然艺术等领域部门深度合作。

为了贯彻落实习近平总书记在二十届中央政治局第三次集体学习时强调的"要在教育'双减'中做好科学教育加法，激发青少年好奇心、想象力、探求欲，培育具备科学家潜质、愿意献身科学研究事业的青少年群体"，推动"科技兴国、强国有我"的精神在青少年教育中不断发扬光大，2024年1月29—30日，南小森林城牵手合肥市无人机科技教育学会"智·未来探索者"科普进校园系列活动，给近千名学生带去了精彩的科学盛宴。为期两天的活动吸引了南小森林城近千名学生参与。来自合肥市无人机科技教育学会的优秀老师带来了异彩纷呈的课程。趣味的语言和课件展现了机器人与无人机的分类与应用，活跃的互动环节牢牢吸引了现场学生的注意力，"超级运球王"和无人机体验小游戏更是将课堂氛围推到了最高潮。在无人机编队舞蹈环节，学生们一个个专心致志地盯着无人机编队行云流水般的舞蹈，不时发出阵阵赞叹。随着无人机稳稳落地，现场掌声一片。学生们纷纷表示，"第一次以这样有趣的方式了解了机器人和无人机的知识，以前更多是在书本上看到，体验小游戏让自己的印象更深刻了。""现场的科技氛围感太震撼了！"

为更好地丰富南小森林城同学们的实践生活，让同学们近距离感受天文学的魅力，提升同学们的科学素养和探索精神。2023年暑假期间，学校特邀合肥市科技馆开展了以"星空璀璨 大无止境"为主题的天文科普知识讲座，生动地介绍了"8大行星""太阳系""星座""银河系""河外星系"等知识，还带着学生们进行了"用游戏模拟的方式形象诠释四季的更迭"等活动，为孩子们带来了一场视觉盛宴。

"纸上得来终觉浅，绝知此事要躬行。"为了做到知识与实践相结合，天文科普知识讲座后的环节是到校园操场，利用天文望远镜观星。暗蓝的夜空下，深绿色的草坪上，同学们井然有序地排着队，透过望远镜直面深空，感受宇宙的神奇。每个观星的孩子表情都不一样，小心翼翼的，突然惊喜地欢呼跳跃的，大声拍手叫绝的，不断调整姿势疑惑的，跟身边的小伙伴耳语的……他们从望远镜里看见了什么，想到了什么，心里种下了什么，都值得期待。

南小森林城作为庐美校园书画基地，与社会层面美育方向的深度合作也非常精彩。其中，非遗文化作为中华优秀传统文化的重要组成部分，蕴含着中华民族特有的文化内涵和精神价值，既是民族智慧的结晶，也是传播民族文化的有效载体。非遗进校园活动是传统文化自信的彰显，也是"润物细无声"的文化传承。2023年3月14日，由庐阳区文化馆主办，南小森林城承办的"我们的中国梦——文化进万家"庐阳区"非遗工坊"进校园系列活动拉开帷幕。活动中，马派皮影传承人马老师率团队以灵巧的双手、独特的唱腔、有趣的音乐声效和生动逗趣的语言，悉心演绎了《百年中国梦》《斗鸡》《哪吒闹海》《武松打虎》等精彩节目。幕布上栩栩如生、惟妙惟肖的皮影人物上下翻转、来回跳跃，还时不时与台下的孩子们互动，为现场师生带来一场别开生面的艺术盛宴。市级非遗项目庐阳杨氏彩色面塑的传承人杨俊生老师用面粉、糯米粉等为原料制成熟面团后，用手和各种专用塑形工具，捏塑成花、鸟、鱼、虫、景物、器物、人物等具体形象。孩子们看着精美的面塑，早已按捺不住，在杨老师的耐心指导下，孩子们相互学习，不一会儿，一幅幅活灵活现、独一无二的面塑作品便相继完成。庐阳糖画传承人韩老师的糖画台前，早已经排起了长队，小朋友们一个接一个地等着拿"小糖人儿"。韩老师以勺为笔，以糖为墨，不需要任何底稿，一把铜勺来回浇铸，挥洒起舞，用不了几分钟，一个个惟妙惟肖的糖画就完成了，粘上竹签，轻轻铲起，就出品了活脱脱的"糖人"。孩子们欣赏马派皮影、体验庐阳面塑、制作文玩摆件、品尝庐阳糖画，四项非遗民俗同时在南小森林城内展出，吸引了一批又一批的师生前来"打卡"。现场师生直呼"太过瘾了"！

三、馆校协作，拓宽渠道，丰富资源

为丰富全体师生的校园生活，南小森林城与市区内各大场馆开展了不同形式的教育合作互动，如实地参观、资源外借、专家讲座、师资培训、课程开发等，充分发挥了社会社区场馆支持学校的协同育人功能。三十岗刘一盆劳动教育基地、合肥市科技馆、安徽创新馆、庐园长者照料中心都留下了南小森林城少先队员的成长印记。

例如，为了将党的二十大精神和党史学习教育结合起来，以革命先烈伟大事迹激励少先队员用实际行动弘扬红色精神，赓续红色血脉，坚定信念跟党走，从小扣好人生第一粒扣子，努力成长为担当民族复兴大任的时代新人，2023年3月初，南小森林城再次丰富了社会实践形式，与安徽革命烈士事迹陈列馆积极联系，达成"红领巾讲解员"课程共建——少先队员们走进馆内，用红领巾讲解员的身份为参观者讲述红色故事，追溯光荣历史，致敬革命先烈，传承红色基因。

课程方案确定后，南小森林城少工委以"讲解员"比赛的形式，开启了宣讲团的招募。经过了第一轮视频投稿作品的筛选后，30余位少先队员走进了决赛现场。他们整装待发，争相在舞台上展现出最好的自己。来自合肥蜀山烈士陵园管理处的张道鑫老师作为评委，负责给决赛的选手们点评指导。三个半小时的现场演绎中，张老师频频向孩子们竖起了大拇指："这样精彩的呈现真的出乎我的意料，南小森林城的孩子们真的太棒了！"除了对少先队员们的表现给予高度肯定外，张老师更是从专业的角度为大家进行了细致的指导，并亲自示范了讲解的技巧和方法。孩子们带着收获，开始进行讲解任务的磨炼。

2023年4月2日上午，南小森林城第一支红领巾宣讲小队来到了纪念馆。作为讲解员的南小森林城学子们，在准备的过程中，还带着些许紧张和些许忐忑，但当一个个进馆参观的游客听众真实地站在他们面前时，他们反而忘记紧张了，一个个自信阳光、落落大方，讲解时饱含深情，适时与游客互动。游客们眼眶里的泪水、热烈的掌声、竖起的大拇指和齐声赞扬都告诉我们，孩子们成功了！"你们是哪个学校的呀？""几年级啦？""太厉害了，小朋友们！"每一声称赞都激励着讲解员们更加热情主动。现场的游客观众和孩子们一起合影，电视台记者随机邀约采访，纪念馆的负责人老师连声称赞"首战大捷"，南小森林城的小队员们都为自己的成长深感骄傲。

随着课程活动的扎实推进，南小森林城红领巾讲解员的队伍越来越壮大。2023年7月1日，南小森林城红领巾宣讲团携手大蜀山革命烈士事迹陈列馆，共同前往延乔路开展志愿宣讲活动。宣讲团为了此次活动提前一个月开始着手准备，并在活动前一天进行专题培训。南小森林城少先队与蜀山革命烈士事迹陈列馆紧密联动，为培训合格的讲解员颁发聘书，力求在活动中有最真挚的讲解和最真情的互动。活动当日的场景令所有人感动。"延乔路"短，"集贤路"长，皆是通往繁华大道。建党百年有余，延乔路路牌下繁花盛开，真情寄语绽放花丛，红色血脉也在言辞间赓续传承……